MW01639682

HO 16 ANNI
E SONO FASCISTA

CHRISTIAN RAIMO

HO 16 ANNI E SONO FASCISTA

Indagine sui ragazzi e l'estrema destra

PIEMME

Questo libro è stato realizzato con la collaborazione di Jacopo Gasparetti.

Pubblicato per

da Mondadori Libri S.p.A.

ISBN 978-88-566-6644-1

I Edizione marzo 2018

Anno 2018-2019-2020 - Edizione 2 3 4 5 6 7 8 9 10

Alla memoria di Alessandro Leogrande,
il migliore

La moda del fascismo

«Io sono fascista» mi dice un ragazzino di tredici anni. Sarà alto un metro e quaranta, è ancora in terza media. «Pure io sono fascista» dice il suo amico. «Anche io, siamo tutti fascisti.» Perdono tempo, è settembre, hanno appena iniziato la scuola, alcuni sono già in prima liceo, altri sono alle medie. Le giornate in classe sono brevi, c'è il sole romano che permette di girare in maglietta e calzoncini; e Piazza Cavour è il luogo dove ci si ritrova appena usciti da scuola, o dopo pranzo, o all'ora dell'aperitivo o appena finita la cena. Ventenni, diciottenni, sedicenni, tredicenni, appoggiati alle panchine o agli scaloni sul retro del Palazzo di Giustizia detto "il Palazzaccio", divisi in comitive per età: i più grandi hanno le facce ingrugnite, i caschi in mano con gli adesivi dei gruppi politici o della tifoseria, serrati, sbuffano come gli adolescenti che sono per dire che non parlano con i giornalisti, ogni tanto provano delle mosse di arti marziali, o inscenano incontri informali di boxe; i più piccoli si rincorrono per la piazza, guardano, cercano modelli, un gruppo con cui stare insieme, un'identità in cui sia facile riconoscersi.

Ridono e si danno di gomito, poi indossano un tono serio e parlano di Roma Nord contro Roma Sud, mostrandomi le foto su Instagram: «Noi ci facciamo le foto dal basso verso l'alto, su una scalinata di Piazza Euclide o a Piazza Cavour; mentre loro se le fanno con la pistola finta in mano o con la lama. Se ti vesti da *romanordino* e cammini per le strade di Roma Sud, ti menano sicuro» mi dice un ragazzo fuori dal Pinturicchio, a Piazza Mancini.

«A Roma Sud ti accoltellano se sanno che sei di Roma Nord» dichiarerà la rappresentante d'istituto del liceo Farnesina, vicino Ponte Milvio. «Noi indossiamo scarpe alla moda, portiamo i capelli in un certo modo, ci vestiamo seguendo un determinato stile, non indossiamo borselli o tracolle, non siamo come loro, non siamo *bori*, ecco.»

Vuoi capire quello che succede nella politica tra i ragazzi? Devi seguire la scena di Roma. «Tutto accade a Roma, è una specie di piazza per capire come muoversi negli altri posti» mi dirà più di un capo dei vari movimenti che intervisto nei mesi successivi. «Stacce, la politica studentesca è romanocentrica.»

E Piazza Cavour è uno dei centri di gravità dei minorenni a Roma, o meglio, una specie di palcoscenico: chi viene qui sa di essere osservato, che quello che succede qui avrà un'eco. Che può essere cercata, o evitata. Per esempio nessuno cita volentieri gli scontri che ci sono stati nell'ottobre 2016, quando un ragazzo di 16 anni è stato accoltellato all'addome e per i quali un anno dopo, nel gennaio 2017, sono state arrestate sette persone.

«Io non sono d'accordo sulle cose estremiste… sono un po'…» «Fascista…» le suggerisce la sua amica.

«No, fascista no… Sono tipo a scatti.»

«A me mi ha incuriosita sta cosa dei migranti.»

«Io non so niente.»

«Io sono contro la violenza, però dipende che violenza.»

«Mio padre era di destra, mo è del PD.»

«Tra queste persone qui gira molto l'idea fascista.»

«Va mezzo di moda, è proprio una moda.»

«Per me il fascismo è una moda»; «Sì anche per me è una moda»; «Per me è una bella moda»; «Io sono fascista, certo, per moda» mi ripetono in cinque, dieci, venti nei giorni successivi, ragazzi di Roma, di Milano, di Firenze, di Padova, di Palermo. E magari me lo confermano con quello che hanno indosso: magliette di Blocco Studentesco, toppe col tricolore, molti vestiti Pivert, la marca di abbigliamento legata a CasaPound. Il fondatore è Francesco Polacchi, ex leader di Blocco Studentesco, la parte giovanile di CasaPound, che per esempio guidava gli scontri con gli studenti dell'Onda nel 2009. I modelli delle immagini sul sito sono tutti militanti di formazioni di destra. Pivert nell'ultimo anno ha aperto cinque store in tutta Italia e usa le sedi di CasaPound per farsi promozione[1].

La politica nella destra radicale è un misto di nascondimento ed esibizione. La pregiudiziale antifascista nella maggior parte dei casi non conta più nulla: in contesti sempre più ampi essere fascisti è di moda, in altri ancora è persino l'elemento qualificante di una nuova unità cercata. D'altra parte, se a nessuno piace essere strumentalizzato, tutti hanno bisogno di farsi conoscere, di fare proselitismo.

L'avanzata mediatica della destra

«La destra italiana degli ultimi vent'anni è stata un laboratorio per tutto quello che oggi c'è nella politica europea e non solo» mi dice Elia Rosati, studioso del neofascismo dell'Università di Milano, autore del testo *CasaPound Italia*, in uscita prossimamente per Mimesis. Si tratta di una destra plurale, come la chiamava Guido Caldiron nel 2001[2]:

populista con Berlusconi, etnonazionalista con Bossi, neofascista con Fini e Alemanno. Oggi abbiamo lo stesso paesaggio in Italia e ovunque.»

La stessa destra plurale si è presentata identica alle elezioni, con un Berlusconi ormai museificato, al posto di Bossi c'è Salvini, al posto di Fini, Meloni. E intanto questa destra plurale dagli anni Novanta italiani è stata seminale, ha fatto scuola: da Orbán a Trump, da Farage a Marine Le Pen, l'Italia populista, nazionalista, razzista, neofascista, è stata un modello per le destre di tutto il mondo.

E oggi è sempre più larga. A destra di Fratelli d'Italia – il partito di Giorgia Meloni, alleato di Forza Italia e della Lega – si muove libero il mondo neofascista, che fino a una decina di anni fa aveva cercato di fare un'operazione di *entrismo*[3] rispetto ad Alleanza Nazionale, e che oggi invece rivendica uno spazio autonomo, e per questo gonfia i muscoli in piazza, soprattutto a favore di telecamere.

Del resto il fascismo oggi è una possibilità per molti: non è una possibilità maggioritaria, ma si è trovato in una larga parte della società una legittimazione. Mentre i movimenti neofascisti elaboravano nuovi codici culturali, dalla musica alla grafica dei manifesti, mentre riuscivano a rimuovere un linguaggio che li stigmatizzava che oggi ci sembra distante secoli (pensiamo alla parola "naziskin"), mentre il fascista in giacca e cravatta si conquistava una presenza fissa nei talk show televisivi, nell'Italia postcrisi avveniva uno smottamento sociale per cui slogan che erano considerati fascisti e per questo inaccettabili, impronunciabili e minoritari come "Aiutiamoli a casa loro" o "Resistenza etnica" sembravano poter entrare nel dibattito pubblico come ipotesi di buonsenso.

Il neofascismo cerca sempre di organizzarsi

Dalla nebulosa di movimenti e partiti che si sciolgono e si riformano, emergono soprattutto Forza Nuova (FN) e CasaPound (CPI). La prima è stata fondata nel 1997 da Roberto Fiore e Massimo Morsello, protagonisti negli anni Settanta del gruppo neofascista Terza posizione. Accusata di antisemitismo e negazionismo, vuole marciare su Roma come fecero i fascisti, fomenta violenze contro gli immigrati, è contro l'interruzione volontaria di gravidanza e le unioni civili. Uno dei suoi leader, Giuliano Castellino, è stato arrestato per aver ferito due vigili e un poliziotto mentre provava a impedire l'assegnazione di una casa popolare a una famiglia eritrea; oggi è agli arresti domiciliari, ogni tanto fa lo sciopero della fame.

CasaPound nasce invece nel dicembre 2003 con l'occupazione di un ex palazzo governativo in via Napoleone III a Roma, occupazione riconosciuta in seguito sia dal sindaco di centrosinistra Walter Veltroni, sia da quello di destra Gianni Alemanno[4]. Negli anni, CPI ha occupato altri edifici, aperto un centinaio di sezioni in Italia ed elaborato la proposta di un mutuo sociale. Ispirandosi alla politica economica fascista, in particolare al manifesto di Verona[5] (un piano di governo per la Repubblica Sociale Italiana), prevedono la costruzione di case popolari da vendere a prezzi agevolati e senza tassi d'interesse solo a famiglie italiane. Non vietano le unioni civili tra persone dello stesso sesso né l'aborto, ma sono contro l'adozione per le coppie gay e credono che gli stranieri siano una minaccia economica e culturale per l'Italia, tanto da parlare di pericolo di sostituzione della popolazione italiana[6].

CasaPound da ottobre 2017 in poi fa il pieno di attenzioni. Siamo alla vigilia delle elezioni di Ostia. I dibattiti che Enrico Mentana, Corrado Formigli e Nicola Porro scelgono di fare con il leader del movimento Simone Di Stefano nella sede romana di via Napoleone III scatenano le ovvie polemiche, prima e dopo le elezioni di Ostia, dove – come era previsto – CasaPound prende quasi il nove per cento.

I dibattiti con i giornalisti sono noiosi in sé, non vengono fuori questioni nuove. Ma il tema è un altro, anche questo annoso: con chi si dichiara fascista ci si discute o no? Dibattere con loro serve a sdoganarli o a costringerli nel gioco democratico? Non c'è il rischio di venire usati proprio malgrado da una strategia di comunicazione che da una parte cerca di mostrare il volto morbido del movimento e dall'altra dissimula i legami con la criminalità e la propria natura violenta?

L'aggressione da parte di Roberto Spada al giornalista Rai Daniele Piervincenzi[7] fa deflagrare queste e altre contraddizioni, ma non modifica gran parte della narrazione giornalistica. Dare spazio, anche se per denunciare, serve a garantire comunque un'agibilità politica? Il blitz dei militanti di Forza Nuova sotto la sede di «Repubblica»[8] (siamo al 6 dicembre) o i quattro skinhead che entrano in un centro culturale a Como sono il sintomo di cosa? La manifestazione antifascista, sempre a Como, intercetta una diffusa indignazione o è solo una testimonianza minoritaria? Le formazioni di estrema destra, da FN a CPI, intanto vengono raccontate, acquistano spazio sui media: come un fenomeno sociale o come una copertura politica a movimenti illegali, eversivi[9] e criminali.

Finché arriva Macerata: l'agguato del ventottenne Luca Traini, neofascista con una zanna di lupo tatuata in fronte – simbolo storicamente usato dai nazisti – che in un tranquillo sabato di provincia esce di casa e spara ai neri che trova sul proprio cammino.

Luca Traini non nasce dal nulla. Frequentava le sezioni del neofascismo locale, andava ai comizi di Salvini, era stato candidato nella Lega, aveva preso parte al Family Day. E soprattutto, poteva essere benissimo uno dei centinaia di "cittadini indignati" che ogni giorno vengono intervistati in tv per «dare voce alla pancia del paese». Il genere di verminaio razzista che nutrono leghisti e neofascisti in tv, in rete, a partire dai leader Matteo Salvini, Simone Di Stefano, Giorgia Meloni, non è così dissimile da quello che Traini alimentava e con cui si autocaricava, secondo le testimonianze, al bar o in palestra: che «vanno fermati questi negri», «con le buone o con le cattive», che «vanno prese le armi», che «vien voglia di fare una strage».

Traini è la conseguenza naturale di questa educazione fascistoide di massa, quotidiana, spacciata per racconto del reale. E il suo gesto è diventato subito utile ai fascisti e ai leghisti, o a chi con questo razzismo non solo flirta, ma a cui si è consacrato.

Macerata segna un punto più lontano sullo spettro, indica "il razzismo estremo" di una linea di "scontro sociale" con cui si vuole ridefinire in ambito fascio-leghista la legittimazione dell'aggressione contro gli immigrati. Salvini e Meloni si riposizionano (Salvini il giorno prima aveva invocato vendetta e repulisti contro i neri per l'omicidio di Pamela): sostengono che chiunque usa la violenza è un delinquente, ma che questa tensione sociale e violenza sono colpa della sinistra, che ha portato all'esasperazione il paese. Ecco che, già pochi minuti dopo che si è saputo che per fortuna i ragazzi neri colpiti sono solo feriti, reindossano il vestito nuovo, "il razzismo moderato", con cui possono commentare la tentata strage di Macerata in tv e lucrare consenso.

Del resto, anche per Matteo Renzi, Silvio Berlusconi e Luigi Di Maio basta rispostarsi; persino loro in una riconfigurazione nuova, determinata dall'atto criminale di Luca Traini.

Il giorno dopo Di Maio può dire: «Lancio un appello a tutti i leader dei partiti su quello che è successo a Macerata: stiamo in silenzio e non facciamo campagna elettorale sulla pelle della ragazza uccisa e dei feriti di oggi. Ho visto già che è partita la querelle tra i partiti politici, con accuse reciproche. Io faccio un appello alla sobrietà e al rispetto sia dei feriti di oggi sia della vittima di qualche giorno fa. Non è possibile che anche su una tragedia del genere si debba iniziare a fare la campagna elettorale».

Berlusconi: «Quanto è accaduto a Macerata sembra il gesto di uno squilibrato, che merita la più ferma condanna, ma che non può essere ricondotto a una lucida connotazione politica. Questo drammatico episodio richiama però ancora una volta l'attenzione sul problema della sicurezza nelle città, anche perché è serio il rischio che gravi episodi di cronaca alimentino tensioni e scontri sociali fino a degenerare in folli esplosioni di violenza come quella di oggi».

Renzi: «Dopo i fatti di Macerata, vorrei fare un appello a tutti, ma proprio a tutti, alla calma e alla responsabilità. L'uomo che ha sparato, colpendo sei coetanei di colore, è una persona squallida e folle. Ma lo Stato è più forte di lui. Quell'uomo si è candidato con la Lega Nord e oggi ha sparato anche alla sede del PD di Macerata: verrebbe facile tenere alta la polemica verso chi ogni giorno alimenta l'odio contro di noi. Ma sarebbe un errore: è tempo di calma e di responsabilità, davvero».

Lì per lì nessun capo politico si azzarda a parlare di razzismo o di fascismo. Tanto meno di terrorismo. Per anni il conflitto sociale è stato raccontato in termini bipolari – degrado versus decoro – mentre stava avvenendo una riconfigurazione della politica, con l'uso della violenza a fare da nuovo elemento connotante. In definitiva: degrado sono i neri, decoro la repressione e la violenza. Giuliano Santoro nel suo libro *Al palo della morte* racconta in modo perfetto questa involuzione: l'omicidio nel 2014 di un ragazzo pakistano per motivi razziali a Tor Pignattara a Roma viene visto non come il sintomo del disastro del tessuto democratico, che prelude a una stagione di raid nelle periferie e di ritorno del razzismo in strada; ma come l'effetto collaterale tutto sommato accettabile di un paranoico infiammarsi delle tensioni sociali.

Il paesaggio è già sconfortante visto così, ma è ancora più nero se si allarga il quadro. La verità più disarmante che viene da questa vicenda è che nessuno di questi politici, leader nazionali, dall'estrema destra alla sinistra, sa, saprebbe, vuole contrapporre all'idea di società che ha il terrorista Traini un'alternativa convincente. Il massimo che viene opposto è: una società con più controllo.

Lo stesso Traini paradossalmente non avrebbe nulla da eccepire.

Non si può però negare che la sua idea di mondo è più persuasiva, addirittura più seducente, pur nella sua distorsione paranoica: siamo immersi nella Paura, di fronte alla quale possiamo solo proteggerci avvolti con una bandiera dell'Italia, vittime e martiri di questa Grande Paura come i caduti del monumento accanto al quale, alla fine della tentata strage, l'hanno trovato le forze dell'ordine che l'hanno arrestato.

Da dove viene il consenso del neofascismo

Resta però l'interrogativo sul perché e sul come i neofascisti riescano a costruire consenso e organizzazione.

Perché è innegabile che le cose si stiano trasformando, soprattutto in ambito giovanile. Tra chi sostiene che siamo di fronte a un'onda nera e chi ridimensiona quest'emergenza, c'è da considerare qualche dato.

A Firenze, a metà novembre, nella consulta provinciale degli studenti ha stravinto una lista di destra, la rinata Azione Studentesca, che si era sciolta ed è ritornata in vita nel settembre 2016, ora autofinanziata e autonoma da Fratelli d'Italia; leggi spostata più a destra, con un occhio a tutto ciò che non è parlamentare o costituzionale. *Spirito e volontà*, *sangue e terra*, *muscoli e sangue*, le solite foibe. (È incredibile l'approssimazione che ormai circonda la questione storica delle foibe, su «Internazionale» di un anno fa si era provato a dare uno strumentario minimo per orientarsi in una bibliografia spesso totalmente inaffidabile[10].) E in più: la protesta contro l'alternanza scuola-lavoro. «Non saremo i vostri schiavi da fast-food»[11] scrivono in "fascio font"[12] sugli striscioni che attacchinano sui muri di Firenze.

In provincia ha ottenuto in 45 scuole diciottomila voti, e 32 su 58 seggi, maggioranza amplissima, e la presidenza con Mattia Micunco del liceo Agnoletti di Sesto Fiorentino. Il punto di riferimento di AS è Casaggì, centro sociale di destra a Firenze (nato nel 2005 contro la svolta berlusconiana), che oggi si dichiara «di destra identitaria».

Il responsabile nazionale di AS, Anthony La Mantia, 25 anni, esplicita questa sua strategia politica: «Cerchiamo di tenere insieme chi non si riconosce nei partiti tradizionali». Cita il gruppo di Rinnovazione a Rieti, i presidenti delle consulte provinciali di Pistoia e di Perugia, entrambi di AS, i militanti a Taranto, a Brescia, a Siracusa, e Gioventù identitaria a Brindisi (anche se loro precisano che non ci sono alleanze in corso con AS). «Azione Studentesca ha centottanta iscritti in quaranta città. Si muovono bene, fanno molto attacchinaggio» prosegue La Mantia. L'anno scorso hanno fatto il loro primo campo nazionale a Leonessa, in provincia di Rieti. «Il volantinaggio alle sette di mattina, anche con zero gradi, trasmette un senso di sacrificio. E poi ci tengo alla preparazione culturale» aggiunge.

«Il nostro movimento vuole avere basi culturali, per dare ai militanti una visione del mondo. La militanza – anche quella in strada – era stata abbandonata, ed era stata coperta molto bene da CasaPound e Blocco Studentesco. Fare il presidente alla consulta non è semplice, per esempio.»

L'importante è l'aspetto culturale, ci ripetono molti capi e capetti della nuova destra, anche se poi usano male i termini, sbagliano i congiuntivi, parlano un italiano incespicato. Il canone della nuova militanza di destra passa attraverso i soliti Yukio Mishima, Bobby Sands (personaggi il cui nazionalismo e senso del sacrificio viene totalmente decontestualizzato e strumentalizzato in chiave fascista) e l'enfasi sull'autodeterminazione dei popoli – rivista oggi in salsa sovranista e indipendentista – ma anche attraverso la nascita di nuove case editrici. Come Passaggio al Bosco[13], ad esempio, che ha aperto a Firenze proprio nel 2017, che ripubblica testi classici cari al neofascismo come quelli di Ernst Jünger o Giano Accame, e libri dei nuovi ideologi come Marco Scatarzi (fondatore di Casaggì e riferimento della destra cosiddetta identitaria), in cui si loda l'onnipresente neonazista collaborazionista belga Léon Degrelle (anche la semplice voce di Wikipedia può bastare a farsi un'idea delle caratteristiche del personaggio), si rivisita l'antropologia in un grande guazzabuglio, e si citano in chiave antimodernista pensatori come il matematico e filosofo cattolico Olivier Rey[14] o l'intellettuale Byung-Chul Han[15], autore di saggi critici sul mondo digitale.

Tutto nasce negli anni Settanta con Terza Posizione

La destra identitaria cerca legittimazione ma non si vergogna del fascismo; quel fascismo che era stato rimosso o almeno ridimensionato nell'autorappresentazione della destra politica tra gli anni Novanta e i Duemila.

La famosa svolta di Gianfranco Fini a Fiuggi nel gennaio 1995 è stato solo l'esito di un lungo processo promosso nello stesso MSI di Giorgio Almirante negli anni Settanta, che aveva visto la nascita di una destra che si voleva più sociale e meno legata esplicitamente al Ventennio, sia con Fini sia con il traduttore italiano della *Nouvelle Droite*[16] di Alain De Benoist, Marco Tarchi – oggi politologo a Firenze. Un esempio facile di questi goffi esperimenti di affrancamento è il tentativo di appropriazione del mondo del fantasy, come raccontato già nel 2003 da Lucio Del Corso e Paolo Pecere in *L'anello che non tiene*[17].

Nel frattempo era avvenuta la diaspora dei movimenti neofascisti come Terza Posizione[18] (fondata nel 1977 da ragazzi liceali e universitari), in cui militavano i futuri protagonisti della nascita di Forza Nuova e CasaPound Roberto Fiore e Gabriele Adinolfi. I quali passano fuori dall'Italia i decenni Ottanta e Novanta. Scrive Maddalena Gretel Cammelli nell'inchiesta su CasaPound i *Fascisti del terzo millennio*[19]:

> L'eredità del fascismo non bastava più per costruire e stabilire un'identità che permeasse anche i giovani di un senso di appartenenza stimolante, capace di farli interagire col mondo che avevano attorno e

dialogare con le tematiche che emergevano nella crisi generazionale degli anni Settanta.

La sconfitta del terrorismo, i processi per le stragi e la latitanza cancellano quello che non si scioglie o non si autodistrugge. Gli anni tra il 1979 e il 2006 sono una lunghissima parentesi.

In *La fiamma e la celtica. Sessant'anni di neofascismo da Salò ai centri sociali di destra*[20], Nicola Rao racconta come la morte violenta di Alberto Giaquinto, militante diciassettenne, datata 1979, nell'anniversario di Acca Larentia, segna una specie di allarme (o di tana libera tutti) per i militanti di destra, che si ritirano dalla politica a livello pubblico. Mentre nel 2006 i funerali di Peppe Dimitri (ex Lotta Studentesca, ex Terza Posizione, ex NAR, ex AN, ex consulente di Gianni Alemanno al ministero delle politiche agricole), sono il luogo in cui si ritrova tutta una serie di facce che avevano militato tra i neri negli anni Settanta e che si erano perse di vista. Non è solo una rimpatriata nostalgica.

Del resto Morsello, ex NAR, transfuga a Londra con Roberto Fiore, torna in Italia a marzo 1999 (morirà di tumore nel 2001). Fiore nell'aprile 1999. Adinolfi nel 2000.

Oggi il paesaggio è rinnovato. I millennials non hanno quasi idea di chi sia Gianfranco Fini, mentre il legame con il neofascismo è più facile e sensibile. Lotta Studentesca[21], il movimento giovanile che diede vita a Terza Posizione, fa parte di una mitologia di nicchia. Adinolfi viene citato, letto, amato, non viene considerato solo il padre nobile di CasaPound. È imprescindibile rileggersi le tesi dei terzaposizionisti per comprendere come il neofascismo venga ripensato oggi da Forza Nuova o da CasaPound, con grande orgoglio, quasi clonando le tesi di trent'anni prima.

Quando Alice Da Boit[22], 18 anni, ragazza di sinistra, da tre mesi vicepresidente della consulta studentesca di Firenze a maggioranza neofascista, dichiara che «la rinascita di queste ideologie fasciste è dovuta al fatto che sia più facile per le persone trovare spiegazioni populiste», riecheggia molte delle spiegazioni che oggi si cercano di elaborare per dare conto di questa onda nera, ma che sottovalutano la specificità di questo neofascismo.

Nel 2003 avviene l'occupazione di CasaPound, all'Esquilino a Roma. Nel 2006 nasce Blocco Studentesco. Nel 2008 Gabriele Adinolfi diffonde un breve testo carbonaro (oggi si trova facilmente in rete in pdf[23]): *Sorpasso neuronico. Il prolungato omega della destra radicale e i vaghi bagliori dell'alfa*. È difficile comprendere CasaPound e Blocco Studentesco senza seguirne l'autonarrazione: *Sorpasso neuronico* per esempio ci aiuta, perché si presenta fin dal titolo come un *redde rationem* e un manifesto al tempo stesso. È liquidatorio con tutte le scelte e le strategie politiche della destra parlamentare ed extraparlamentare degli ultimi trent'anni.

Nessuna proposta politica ha fatto presa, non ci sono stati consensi di massa né di minoranze fanatiche ma è accaduto nell'appendice destra che uomini e clan si sono contesi parte del voto passivo, quello refrattario al cambiamento, quello nostalgico non del Ventennio ma di una gioventù trascorsa al bar di fronte alla sezione.

Adinolfi, come altri neofascisti, si ritaglia un suo fascismo, e sceglie quello tra il 1919 e il 1922, e quello tra 1943 e il 1945, come se fosse stato solo una rivoluzione incompiuta e non un ventennio di governo e regime totalitario. Quella che propone è una nuova generazione politica ispirata all'arditismo, al futurismo, allo squadrismo. I giovani sono fondamentali. Comunità contro l'individualismo contemporaneo. «Abbiamo davanti praterie da riconquistare di fronte a una società atomizzata.»

Il linguaggio è nostalgico caricaturale: sembra in certi casi *Fascisti su Marte*[24], ma questo non ne mina del tutto l'autorità. È un codice cameratesco: può fare presa soprattutto sui ragazzi che non hanno gli anticorpi ideologici per questo tipo di retorica. Non a caso lo stesso lessico si trova per esempio nei post popolari di Diego Fusaro, il filosofo di ispirazione marxista che oggi si diverte a mescolare in chiave rosso-bruna Gramsci e il peggiore nazionalismo, e che è diventato un riferimento per il neofascismo italiano. Scrive Adinolfi:

> Quando il senso di appartenenza a qualcosa di potenzialmente edificante diventa rituale da pitecantropi, quando la cerchia si trasforma nel ghetto in cui si proclama la propria presunta superiorità e la presunta inferiorità altrui, quando le braccia tese perdono l'energia futur/ardita per diventare sgradevoli e aritmiche gesticolazioni di emarginati, quando le camicie nere si sporcano di ragù, allora s'inverte la tendenza positiva dell'ancoraggio storico/simbolico e si neutralizza l'azione di chi, invece, lo vive in modo corretto e produttivo.
> […] La mentalità futur/ardita è opposta: interventista, fa le cose e non le predica. Risponde al motto mussoliniano «il fascismo è la chiesa di tutte le eresie». […] Bisogna distruggere tutto quello che c'è di estrema destra e recuperare tutto quello che c'è di fascista.

Quando parlo con Rolando Mancini, responsabile di Blocco Studentesco, siamo all'indomani delle elezioni studentesche. All'ultima tornata BS ha ottenuto – a quanto dicono i loro comunicati – 56.000 preferenze nelle scuole superiori italiane (una percentuale vicina al 10 per cento), la presidenza delle consulte provinciali a Fermo, Ascoli e Viterbo; a Roma la maggioranza in scuole del centro come il liceo linguistico Caetani e l'istituto tecnico Bernini, oltre all'85 per cento al tecnico Faraday di Ostia. Tanto? Poco? Quanti voti sono andati direttamente a liste con il simbolo del Blocco, quante a liste camuffate? Non è questo il punto dirimente. Sulle elezioni scolastiche non esistono dati ufficiali, soprattutto per quanto riguarda le consulte provinciali – organi poco rappresentativi, votati da pochi studenti – ma i risultati sono usati lo stesso dai movimenti neofascisti per fare propaganda. Ma l'importante, lo sa anche lui, è che la percezione di Blocco Studentesco e CasaPound sta cambiando nell'opinione pubblica. È come se tutti ci tenessero a non rovinare il momento buono. Rolando è cauto nel parlarci. Fascisti ma perbene, fascisti ma dialoganti, fascisti ma preparati.

La sede di CasaPound a via Napoleone III:

sento risuonare lo schema politico ma anche i toni di Gabriele Adinolfi e del neofascismo terzaposizionista. Il palazzo all'interno è spoglio, c'è un'aria catecumenale, alle pareti le immagini delle donne che hanno fatto la storia del fascismo, fascismo sempre inteso come fenomeno transtorico, una specie di ur-fascismo[25], di fascismo eterno come lo definiva Umberto Eco (la casa editrice Nave di Teseo ha ripubblicato recentemente le sue riflessioni). Mi sedo su una poltrona vecchia e sfondata.

La "trincerocrazia" di Blocco Studentesco

Quello che scrive Adinolfi in *Sorpasso neuronico* sul proselitismo è:

> Allora è tutto da rifare, dalle fondamenta, prendendo spunto da quanto di futur/ardito, di squadristico, d'innovativo pur è stato fatto, ma fondandolo su di una gerarchia reale, sulla comunicazione e sull'organicità e rispondendo ad un S.O.S. acronimo, in questo caso di Strategia, Organizzazione e Stile.

Quello che mi dice Rolando è:

Abbiamo rilanciato l'arditismo, bisogna essere sempre attenti allo stile, essere sempre innovativi, fare panico mediatico. Ti faccio un esempio, all'opposto della battaglia dei centri sociali "Legalize la marijuana" – che sul sì o no, manco me ne frega niente (io di mio sono contrario al consumo) – noi diciamo "Legalizziamo il duello", l'idea di quanto ci sia di nobile nel duello, che non è la rissa, o il conflitto su Facebook. Questa è CasaPound, questo è Blocco Studentesco. Negli anni Novanta la destra faceva le battaglie contro la droga o contro l'aborto, noi le abbiamo superate. A noi ci piace più fare che impedire di fare.

E il fascismo? Sempre Rolando:

Il fascismo è un grande padre severo, a cui dobbiamo rendere conto del nostro operato. Noi dobbiamo rendere conto del nostro operato rispetto a chi è morto, come i ragazzi di Acca Larentia, e a tutti quelli che non hanno avuto tempo di cambiare idea, come Fini. Abbiamo un rapporto sacrale con i morti, ci accusano di essere tanatofili, ma quando commemoriamo Acca Larentia il 7 gennaio, noi pensiamo veramente che i morti marciano con noi.

Come avviene il proselitismo, come un ragazzo si avvicina a Blocco Studentesco?

Per i militanti di sinistra penso che è diverso. Magari c'è la sedicenne secchiona che ha letto tanto e si avvicina a un movimento politico di sinistra perché ha già un background. Per noi è il contrario. Per noi c'è la fascinazione per un simbolo, la bandiera, che agisce su un piano emozionale. E poi certo questa fascinazione deve trasformarsi anche in una coscienza politica. Cioè io da ragazzino non avevo letto *La dottrina del fascismo* di Costamagna o le leggi sulla socializzazione delle imprese, ero attratto dall'impatto visivo.

E lo stile, l'importanza che date allo stile?

Lo stile non sono le marche, ma l'approccio. La forma è anche sostanza. E c'è una gerarchia interna. Ogni sezione ha il suo responsabile, c'è la trincerocrazia, ti guadagni il posto e il ruolo con il tempo che stai qui dentro. Molti non rimangono, perché la militanza è un po' tosta, ci sono le riunioni due volte a settimana, il volantinaggio la mattina presto, le affissioni, la riunione organizzativa, le riunioni culturali – in cui si legge il libro e se ne parla, noi cerchiamo di dare un'educazione culturale ai ragazzi. E poi ci sono i turni a CasaPound, che è un posto sempre aperto 365 giorni all'anno, 24 ore su 24: i turni coinvolgono i militanti di Blocco Studentesco. E questo spesso può causare problemi a casa. Non è che i genitori sono contenti che i figli al liceo fanno volantinaggio con CasaPound. Ma le criticità io credo che ti forgiano. Capita spesso che dei ragazzi, che magari litighino con le famiglie per la militanza, restino a dormire qua.

La violenza?

La nostra violenza è sempre di difesa, contro chi ci attacca. Anche al Frantoio. Anche a piazza Cavour. Magari ti beccavi con l'antifascista, e se davamo due schiaffi. È una sorta di regola di ingaggio. Un pizzone, e finiva là, qui nessuno usa coltelli. Però quella che io chiamo una sana scazzottata, viva! Perché hai vissuto. Misurarti sulle tue idee io credo sia educativo. Non siamo nostalgici degli Anni di piombo.

Gli ricordo, a proposito di provocazioni, l'irruzione di CasaPound nella sede del quarto municipio a Roma per chiedere la chiusura del centro dove la Croce rossa ospita dei migranti, e lui dice che gli scontri con i militanti di sinistra ci sono stati perché «noi non ci facciamo passare addosso». Gli chiedo del ragazzo di diciotto anni picchiato perché indossava una maglietta del CinemaAmerica e perché ritenuto comunista. «Non ne so molto» risponde. «Però posso dire che pure io, quando al liceo indossavo una maglietta degli Zetazeroalfa, magari mi beccavo con l'antifascista e ci davamo due schiaffi.»

Vestito di nero, pacato, le risposte che mi dà Rolando insistono molto sul rapporto con la morte. E l'interno di via Napoleone III questo sembra: un sacrario. Luci fioche, foto come di lapidi dappertutto. Perché un ragazzo di sedici anni dovrebbe essere affascinato da questo?

Sembra incredibile che settant'anni di studi sul fascismo (da Piero Gobetti ad Antonio Gramsci a Emilio Gentile e Renzo De Felice fino a Enzo Traverso o Piero Ignazi) non siano entrati a far parte del dibattito politico, e oggi ci si trovi sguarniti di categorie e interpretazioni. Elia Rosati ricorda quanto sia stato usato dalla destra italiana il mito dei ragazzi nati nel 1899 che combatterono o morirono nella Prima guerra mondiale, tra arditismo e dannunzianesimo, e diventarono la prima generazione a aderire al fascismo nel 1919. Dall'altra parte in *Comunità immaginate* Benedict Anderson[26] mostra come la base cui si rivolge il nazionalista sono i morti, i caduti; la nazione nasce come comunità immaginata quando ci sentiamo parte della comunità dei *nostri* morti. Acca Larentia, per esempio, è il centro di questo culto.

Quello che mi racconta Rolando di Blocco Studentesco somiglia più a una setta che a un movimento politico, in cui la formazione sembra un'iniziazione e il cameratismo un legame sacro, con tutte le forme rituali che questo comporta.

Il sociologo Marco D'Eramo dice: «Non si deve dimenticare che l'adolescenza è l'età in cui scopriamo il sesso e la morte, e che quindi è probabilmente l'età più metafisica della vita umana, anche quando si esprime a botte e randellate. Perciò il paragone con le sette religiose non è peregrino».

Quello che c'è di nuovo e quello che c'è di sempre uguale nel neofascismo

Questo sincretismo che mette insieme l'aspetto religioso con quello politico con quello pedagogico è il brodo culturale in cui un ragazzino può sguazzare. Per il resto delle questioni puntuali, le risposte di Rolando sono volutamente elusive – diffidenza nei confronti dei giornalisti, tentativo di non essere etichettati come illegali – e strutturalmente vaghe: la confusione ideologica non fa problema, anzi sembra emulare un pensiero rivoluzionario e aperto.

È così, come nota chiunque provi ad approfondire la dimensione culturale della destra. Maddalena Cammelli nelle interviste di *Fascisti del terzo millennio*[27] ci trovava la stessa fumosità. Furio Jesi in *Cultura di destra*[28] le definiva «idee senza parole», concetti astratti, del tutto privi di contestualizzazione storica o filosofica.

Anche sulla violenza non sarebbe difficile controbattere con i dati delle aggressioni[29]. Dalla strage di Firenze (2011) in cui Gianluca Casseri, militante di CPI, ammazzò Samb Modou e Diop Mor, sono stati sono stati arrestati più di venti di CPI, e denunciati quasi in quattrocento. Ma nelle parole dei militanti la questione si rovescia. Sono gli antifascisti violenti che li perseguitano, la violenza ha un che di spiritualmente educativo: non si tratta semplicemente di una furbizia comunicativa, quanto di una contraddizione che è rivendicata dai neofascisti.

E anche qui con furbizia. Perché Rolando Mancini si rende conto che la politica a sinistra è in crisi in tutta Europa. L'antifascismo è stato talmente rimosso che lo storico Sergio Luzzatto[30] nel 2004 già ne descriveva la scomparsa. Oggi lo storico Enzo Traverso[31] prova a riconoscere i nuovi fascismi arrembanti, germinati da quella crisi: «Invece di parlare di populismo o di nazionalpopulismo, occorre parlare di postfascismo» scrive in *Nuovi volti del fascismo*, da poco edito da Ombre Corte.

Quello che non viene mai ribadito a sufficienza è che il populismo e l'antipolitica *non sono* il fascismo. Il populismo e l'antipolitica *possono creare* le condizioni per cui un fascismo può diventare un elemento culturale trasversale a varie forze politiche, o le condizioni per cui formazioni fasciste acquistano sempre più spazio e legittimazione. Il fascismo si distingue dal populismo per alcune caratteristiche fondamentali: l'organizzazione, l'apparato gerarchico, la violenza, la pedagogia totalitaria, il maschilismo, il militarismo, l'illiberalismo. Ci possono essere alcune di queste caratteristiche nel populismo – l'illiberalismo – ma altre sono in antitesi. Per esempio, l'apparato organizzativo. Il fascismo che spesso si è immaginato di contrastare negli ultimi anni non era fascismo, ma una forma di populismo o di autoritarismo che preludeva al fascismo. Peron può portare a Videla. L'altro fascismo che si è pensato di combattere è quello da macchietta, la chincaglieria di Predappio. Nel frattempo il fascismo cresceva, trovava consensi, si organizzava.

E soprattutto formava la sua cultura politica, come una pianta d'edera intorno al tronco di un razzismo sociale ritenuto ormai accettabile in modo trasversale. Claudio Vercelli[32], uno storico che non ha smesso in questi anni di monitorare questi importanti mutamenti di fase, scrive:

> Non è un caso, pertanto, se l'attenzione della destra radicale si sia sempre più spesso orientata, un po' in tutta l'Europa, dalla "nazione", così come ancora veniva chiamata negli anni Settanta la dimensione razziale della socialità, all'"identità nazionale". Ancora una volta il sillogismo di fondo lega "protezione" a "sicurezza" e quest'ultima a "identità". Si tratta di contenitori vuoti di

autentici contenuti ma riempiti all'inverosimile dell'angoscia dei ceti sociali in crisi di ruolo e di riconoscimento politico. Ciò che ne deriva, infine, è lo spostamento dell'asse dalla cittadinanza sociale a quella etnica, che è poi il vero terreno sul quale si giocherà, nei tempi a venire, il confronto egemonico per la costruzione del senso comune. I fatti di Macerata, ultimi di una serie oramai lunga, si stanno incaricando di dimostrarlo. La destra radicale si sta facendo movimento, trovando dinanzi a sé insperate opportunità.

Il momento storico è cambiato e i militanti di CasaPound pensano di avere di fronte a sé dei tempi più maturi per quell'operazione di egemonia che propone sempre Adinolfi in *Sorpasso neuronico*, usando persino Gramsci – «Riguardo alla strategia non faccio che ripetermi. Ritengo che il potere sia stratificato su tre livelli del tutto divaricati e che se ne debba tener conto per: localizzarsi, fare lobby e partecipare alla qualifica delle élites. Per modello organizzativo e per vocazione politica diciamo che la soluzione sta in una sintesi tra Avanguardia Nazionale, Autonomia Operaia e la Nouvelle Droite» – a partire dall'estendersi di quella crisi: dalle ideologie di sinistra direttamente alla democrazia rappresentativa. Il fatto che Beppe Grillo abbia occupato da ormai un decennio questo spazio franco non significa che continuerà a essere così anche domani. Dallo sdoganare il vaffa al legittimare un'aggressione il passaggio non è impossibile. Macerata l'ha dimostrato. Salvini in televisione parla di "normalità" e "buonsenso" quando di fatto propone un repulisti degli immigrati. Rolando Mancini ricordava:

> Io faccio parte di Blocco Studentesco dalla sua data di nascita, nel 2006, quando i giovani si erano già distaccati dalla politica, però comunque c'erano manifestazioni di piazza già molto partecipate. Noi abbiamo fatto la manifestazione da quattro giorni, eravamo riusciti a creare un coordinamento trasversale con i collettivi di sinistra, contro la Gelmini. Poi tutto cambiò quando intervennero gli universitari della Sapienza, che non tollerarono questo accordo.

Vogliamo cristallizzare qualcosa nel magma della politica giovanile, ossia della politica che verrà? Ripartiamo da quell'evento. Gli scontri di Piazza Navona fanno parte dell'automitizzazione di Blocco Studentesco, che si presentò in piazza con slogan tipo «Né rossi né neri, ma liberi pensieri». Il 2008-2009 è l'annata cruciale se si vogliono capire le trasformazioni politiche italiane dell'ultimo decennio.

Lorenzo Zamponi in un paper[33] molto interessante sostiene che l'Onda fosse il primo movimento trasversale dal punto di vista politico, postpolitico, e che anche da lì sia nato il Movimento 5 Stelle. Va dato merito a Wu Ming in una serie di articoli su «Internazionale» e su «Giap», a Giuliano Santoro con il suo libro *Un grillo qualunque*, e ad Alessandro Leogrande.

Claudio Riccio, oggi nella direzione di Sinistra Italiana, al tempo uno dei leader dell'Onda, mi avverte: «Blocco Studentesco ha sempre rappresentato soltanto i fascisti o poco più, sono stati pochi e sono ancora pochi. Lì fecero un'operazione di mimetismo che non gli riuscì come spesso non gli riesce, attraverso slogan qualunquistici e spoliticizzanti».

Ma se è difficile capire anche oggi chi rappresentino, quello che sembra evidente però è che si mimetizzino meno. Le elezioni studentesche 2017 sono anche uno strumento di misura per le elezioni politiche 2018.

Certo la propaganda, il contesto favorevole, l'indulgenza dei media da soli non bastano. Ma mentre le organizzazioni giovanili dei partiti – dai Giovani Democratici a Forza Italia Giovani – si indeboliscono fino quasi a sparire (il Movimento 5 Stelle è l'unico partito di massa a non avere praticamente mai avuto un'organizzazione giovanile), mentre chiudono le sezioni, i numeri dei tesseramenti di fine anno sono un disastro ovunque, e in piazza è sempre più difficile portare gente, quelli di CasaPound insistono con la militanza. Un ragazzo di Blocco Studentesco di 20 anni mi dice: «Mo ce stanno le elezioni e quarcuno se sveja, ma in strada pe' cinque anni ce se semo stati noi e i radicali».

Con chiunque incontro mi viene proposto il refrain dell'importanza dell'organizzazione: la gerarchia, la "trincerocrazia", la comunità, il gruppo. Quale forza politica fa appello a una retorica di questo tipo?

Per capirlo ancora meglio, e per capire la destra oggi in Italia, bisogna guardare da vicino a quello che è successo il 7 gennaio 2018, durante la marcia organizzata per il quarantennale dell'agguato in cui furono uccisi i giovani attivisti di Fronte della Gioventù davanti alla sezione di Acca Larentia[34], Franco Bigonzetti e Francesco Ciavatta; un terzo ragazzo, Stefano Recchioni, fu ucciso negli scontri con le forze dell'ordine, scoppiati per protesta poche ore dopo.

Un corteo funebre

Il corteo parte da Piazza Asti, percorre Via Tuscolana, ed è lungo quasi un chilometro. I militanti si dispongono in fila per sette, per fare più scena. Si capirà dopo, lo fanno anche per le foto marziali da postare sui social. CasaPound organizza, fa il servizio d'ordine, detta i tempi e vieta le foto di altri che non siano i militanti di CPI. Siamo tre, quattro giornalisti. Altri pochissimi fotografi che cercano di dissimularsi. È una manifestazione fascista in un pomeriggio romano placidissimo e freddo. L'aria di normalità che vuole imporre CPI è inquietante. Per tre ore non solo nessuno rilascia interviste, ma quasi nessuno parla. Il silenzio irreale mette in luce i corpi, la presenza.

Ma prima dell'inizio, Adriano Scianca – giornalista e scrittore, classe 1980 – accetta di parlare, unendo la dimensione politica (ed elettorale) e quella del sacro. «Puntiamo al 3 per cento» dice. E poi aggiunge: «I caduti sono il nostro pilastro metapolitico».

Bomberino e scarpe New Balance, i partecipanti sono molto giovani in media, tutti bianchi e quasi tutti maschi, si salutano stringendosi l'avambraccio, i vecchi danno ordini ai più giovani. È una comunità che si riconosce nel suo essere stata semiclandestina per molto tempo, e che oggi sembra aver trasformato la gloria del vittimismo nell'arroganza di chi si è conquistato un territorio. Gianluca Iannone, presidente di CPI è il regista, e governa la scena. Simone Di Stefano è il segretario, si muove con un fare più defilato. Mauro Antonini, candidato alla regione Lazio alle elezioni del 4 marzo, spiega che il loro attegiamento rispecchia «la divisione dei ruoli che c'è all'interno del movimento. Di

Stefano parla a chi non è di CasaPound, va in tv, è la nostra faccia all'esterno. Iannone parla ai militanti, alle sezioni. È il capotribù».

E infatti è Iannone che indica dove fermarsi, in che ordine schierarsi. Fino all'arrivo, dove i tremila del corteo sono inquadrati per rispondere al presente, che viene chiamato tre volte. Braccia tese, saluti romani, poi scioglimento. Una scena lugubre, il gruppo compattato nello spiazzale davanti alla sezione che ora è di CPI; il supermercato Simply vicino. Ai lati della folla, i vecchi camerati brontolano. Mario Merlino (1944), neofascista storico, una figura quasi mitica nella destra italiana, mi si presenta vicino. Invecchiando ha assunto ancora di più una posa a metà tra Babbo Natale e Rasputin, il saggio che ha flirtato con ogni tipo di organizzazione eversiva durante gli anni Settanta, convinto che ci potesse essere una possibilità di una presa del potere fascista; oggi storce il naso per come CasaPound ha colonizzato il corteo: «Doveva essere una commemorazione, hanno fatto una sfilata elettorale». Maurizio Lupini, un sopravvissuto all'agguato del 1978, si lamenta per essere stato escluso dal rito. È la prima volta che il corteo riesce a essere fatto proprio da un solo movimento politico del neofascismo. Nel 2012 le polemiche sull'appropriazione di Acca Larentia pare siano sfociate addirittura in una gambizzazione[35].

Una giornata come questa mostra ancora di più che CasaPound e Blocco Studentesco somigliano più a delle sette religiose che a dei partiti politici: la formazione è un'iniziazione, il cameratismo un legame sacro.

L'indottrinamento dei militanti

I movimenti politici di estrema destra seguono quasi tutti lo stesso copione, una drammaturgia quasi rituale che i camerati più grandi insegnano ai giovani fascisti. Anche per Lotta Studentesca, la struttura giovanile di Forza Nuova, la sezione è il feudo da difendere a tutti i costi: i camerati fanno un giuramento solenne che non può essere rotto, pena una sorta di *damnatio memoriae* corrispettiva al tipo di "tradimento" perpetrato.

Anche Lotta Studentesca si fonda su ruoli

prestabiliti. I responsabili più alti in grado solitamente si occupano di quelle che sono le attività primarie da svolgere nella sezione. Conducono la formazione, assegnano ricerche ai militanti, che possono essere di diverso genere: sulla geopolitica, sulla cultura generale, sulla storia oppure sulla politica nazionale ed europea. Chi non svolge i compiti assegnati fa pagare penitenza a tutto il gruppo che scende a terra per fare le flessioni. Prima di ogni riunione i responsabili mettono "inquadrati" i militanti, in piedi spalle al muro con le braccia dietro la schiena, proprio come se fossero cadetti dell'esercito. L'inquadramento viene attentamente controllato nei minimi dettagli: i giovani non sono dei semplici militanti ma «veri e propri soldati politici». I responsabili scelgono anche la strategia politica, coordinano attacchinaggi e volantinaggi, sono quelli che si assumono appunto la responsabilità delle azioni e dei comportamenti dei loro militanti.

Quando un ragazzo entra per la prima volta in sezione deve seguire quelle che sono regole prestabilite per i nuovi. La cosa più importante è la disciplina. Che può essere esemplificata nello studio del decalogo, cioè quelle che sono le regole di vita di un attivista politico, da rispettare sempre. «Se le violi non sei all'altezza del ruolo che ti è stato assegnato, non sei un vero soldato politico».

1) *Sta zitto.* Ogni indiscrezione è un tradimento perché può compromettere l'operato e può costare la vita a molti dei nostri camerati.
2) *Sii serio e modesto.* Non fare mostra della tua decisione con parenti, amici e compagni. Non dare spazio allo sgabello della vanità personale. Solo i fatti parleranno.
3) *Non sollecitare ricompense.* La più bella riconoscenza è la coscienza di aver portato a termine il compito a te affidato.
4) *Sii disciplinato.* Se non sei educato, se non obbedisci nelle piccole cose di ogni giorno, se non saluti, se il servizio di comunità ti pesa e ti sembra indegno per te, se non sai adattarti a mangiare e dormire peggio: non fai per noi.
5) *Sii rispettoso.* Verso coloro che riteniamo superiori a noi.

6) *Devi avere il coraggio dei forti non quello dei disperati.* Ti sarà richiesto uno sforzo enorme, solo al di là del quale ci sta il successo. La tua determinazione di riuscire a ogni costo deve perciò nascere dal profondo del tuo cuore, espressione purissima del tuo amore per la Patria, non deve essere il gesto disperato di un mancato o di un disilluso. La tua vita comunitaria e privata deve perciò essere onesta, semplice e serena.
7) *Sii dignitoso.* Nel momento del sacrificio gli altri osservano il tuo comportamento.
8) *Sii fedele.* La falsa cultura di oggi deride una delle virtù più nobili dell'uomo. Nella vita sarai felice solo se sarai fedele.
9) *Non usare droghe.* Questi veleni servono per addormentare la tua anima e distruggere il tuo vigoroso corpo. In alcuni momenti di dolore e sconforto crederai che ti aiuteranno a star meglio, sarà l'inizio del tuo decadimento, perciò ogni giorno allena il tuo corpo e la tua mente in vista di un combattimento, che in un dato momento della tua vita ti sarà richiesto.
10) *Dà valore alla vita.* Occorre amare la vita.

Questo decalogo è ripreso dal decalogo della decima Mas[36]. Per i militanti neofascisti, la sezione va difesa come un feudo. All'interno vengono assegnati i ruoli: c'è chi si occupa del giornalino, chi della libreria, chi delle pulizie, chi conta le flessioni dei penitenti. Un ragazzo, ex militante neofascista, mi ha descritto come sono le riunioni:

> Si svolgevano seduti, ci veniva spiegato cosa avremmo dovuto fare durante la settimana. Se qualcuno arrivava in ritardo scattava la punizione fisica. Tanti minuti di ritardo, tante flessioni. Ossia flessioni, con aggiunta di bastonate, calci sulla pancia. È uno dei motivi per cui sono andato via. Mi dava fastidio poi che inneggiassero a Hitler in continuazione, come se fosse un modello.

Tra i libri assegnati per la formazione ci sono *Il capo di Cuib* dello scrittore nazionalista romeno Corneliu Zelea Codreanu[37], che cominciò a fare politica proprio fondando un movimento studentesco, oppure *Militia* di

Léon Degrelle[38]. In Lotta Studentesca due testi che sono una sorta di manuale di formazione spirituale-militare, scritti con uno stile marziale che può sembrare quasi parodico. «Sempre gli stessi» aggiunge un ragazzo di LS che ha chiesto l'anonimato. Mentre le bandiere nella sezione «sono quelle di Lotta Studentesca, di Forza Nuova, il tricolore, e quella con la croce celtica» aggiunge. L'attacchinaggio è un passaggio importante: «È considerato formativo. Si prendono i manifesti sfusi, si va sul posto a coppie, coordinati da un responsabile, si attaccano e poi si torna in sezione».

Gli racconto che vari ragazzi mi hanno detto che uscire da questi mondi non è facile e lui conferma: «Mi ricordo che uno, quando disse di voler lasciare la politica, fu rinchiuso dentro la sezione su una sedia. Hanno spento le luci, ed è stato picchiato con diverse cose. Un altro ha dovuto fare duecento flessioni senza mai fermarsi, con gente che lo bastonava e lo prendeva a calci. Ti vengono a cercare in sette, ti minacciano».

Un altro ex militante racconta:

> Sono uscito da qualche anno, dall'ultima volta che sono andato in sezione. Mi minacciarono quando decisi di lasciare. Mi beccarono per strada, in gruppo. A me non mi fecero molto, solo qualche botta, qualche calcio. So storie di gente chiusa in garage e picchiata. Io per fortuna sono riuscito a uscire. Ma è difficile uscirne.

A ponte Milvio, quartiere borghese, uno studente della scuola paritaria Aurelio Fevola che faceva parte di Areazione, un'altra formazione neofascista, dice:

> A Roma Nord quelli di destra ti portano dentro in tre secondi. Roma Nord è paese. Io sono entrato a tredici anni. Io c'avevo un amico che stava con me alle medie e m'ha portato dentro. Ti invitano alle loro riunioni, ti fanno sentire importante, parte del gruppo.

Valerio Renzi ha studiato l'avanzata delle destre a Roma[39] e l'antropologia della politica giovanile[40] e traccia un ritratto preciso di questo ambiente:

> Alcune organizzazioni come Forza Nuova o CasaPound sembrano assomigliare di più a una setta che alla militanza politica classicamente intesa, compresa l'iniziazione, i meccanismi di inclusione e di esclusione. La struttura elitaria crea una voglia di essere inclusi, e per farlo il movimento ti organizza tutti gli aspetti della vita e bisogna così andare a bere la birra in alcuni pub, fare sport in alcuni circoli, svolgere attività ricreative e di volontariato con alcune associazioni. E poi le marche di vestiti, la musica, eccetera. Questo non configura solo un gruppo omogeneo e militante, ma anche una base disponibile a spendere, a finanziare le imprese del gruppo dirigente apicale a cui si accede per cooptazione non esistendo nessuna forma di democrazia interna.

I principi, il decalogo, le regole. Jacopo, un ragazzo di 21 anni che ha militato in Blocco Studentesco, dice: «Ogni volta che parli, che fai un comizio, che fai un'azione, le tieni presente». Se somigliano a regole di vita è perché lo sono, e servono a cementificare l'unione tra il partito e i ragazzi. A tal punto che «quando vivi CasaPound per 24 ore al giorno e poi la lasci, più che essere bollato come traditore, ti senti tu di essere un traditore, di aver lasciato un ideale» dice Jacopo.

Anche Forza Nuova punta molto sull'indottrinamento dei giovani. In un'informativa del novembre 2017 del Raggruppamento operativo speciale dell'Arma si legge:

> Si evidenzia come l'attenzione del gruppo si concentri sull'attività di indottrinamento dei giovani sin dall'età adolescenziale, al fine di meglio coinvolgerli in una devota condivisione di intenti dettati dal movimento e ai quali ispirare la propria militanza e la propria vita [...]. Tale capacità di trasportare i minori in un contesto caratterizzato da dettami rigidi e intriso di odio e razzismo evidenzia la portata reale della pericolosità di un gruppo che riesce così a radicarsi negli aderenti sia da un

punto di vista ideologico che comportamentale.

Le conseguenze di tutto questo, le racconta Federica Angeli su «Repubblica»[41]:

> «A me la cosa che interessa di più so' i ragazzini, i ragazzini» dice uno dei leader della sede storica romana di Forza Nuova. Giovani reclute da crescere nell'odio e che sfuggono all'educazione di madri e padri, cambiano umore, si fidano ciecamente dei dettami dei leader del movimento. Ci sono i genitori di alcuni ragazzini che frequentano la sezione del partito che chiamano disperati i responsabili del movimento: «Noi non esistiamo più» dice il padre di un diciassettenne in una conversazione intercettata dai carabinieri nel 2014. «Esistono solo il partito e i capoccioni del partito, noi genitori non contiamo un cazzo.»

Non è difficile capire perché, come Elia Rosati ricorda, si parla di "santa teppa". Anche nel romanzo *Nessun dolore* di Domenico Di

Tullio[42] (che è anche avvocato di CasaPound), pubblicato da Rizzoli nel 2010, non a caso si racconta una storia di amicizia tra due diciottenni di Blocco Studentesco, che fanno di tutto, subiscono persino il carcere, per non tradire il movimento, come per una specie di patto di sangue tra camerati.

«Il fascismo del terzo millennio è vissuto come un'esperienza prerazionale» scrive Maddalena Gretel Cammelli nel paper *Fascism as a style of life. Community life and violence in a neofascist movement in Italy*[43] «descritta come uno stile di vita capace di cogliere la ragione interiore delle persone e soddisfare il loro bisogno di identità. Violenza e morte sono rivendicate, eseguite e messe in atto come strumenti concreti per collegare il fascismo contemporaneo con le sue manifestazioni storiche».

Contro il femminismo

Anche il ruolo delle donne all'interno del neofascismo giovanile è studiato. Dentro Lotta Studentesca le donne non hanno il diritto di salutare con l'avambraccio, perché il saluto romano appartiene ai legionari, uomini e combattenti. Le donne devono curarli. Per LS e FN, inoltre, devono stare a casa. A dicembre, i volantini usati da alcuni militanti di Forza Nuova a Carpi[44] per una raccolta firme, dicevano: «Firmate per il reddito alle madri, in modo tale che ogni donna, scegliendo di fare la casalinga, percepisca 500 euro al mese». Sulla pagina di FN si precisa[45] che il reddito alle madri sarebbe stanziato solo per quelle che accettano «di rimanere a casa invece che andare a lavorare», e solo se sono italiane.

Le giovani di LS non possono uscire per andare ad attacchinare, perché è pericoloso per le donne, che «sono considerate inferiori rispetto all'uomo quindi in caso di problemi (incontri con movimenti rivali), sarebbero *inutili*», mi dice un militante di LS.

Le militanti di LS vengono educate al rifiuto del femminismo. «Le femministe sono cagne», o «tipe che chiedono di abortire e diventare uomini»[46]. Il 18 novembre a Trieste alcuni militanti organizzano una manifestazione contro lo *Ius soli*[47] in contemporanea a quella contro la violenza sulle donne del movimento Non una di meno.

A proposito di interruzione volontaria della gravidanza, il vicesegretario nazionale di Forza Nuova Giuseppe Provenzale ha scritto su Facebook[48] il 16 novembre 2017: «Il diritto all'omicidio/aborto non è mai ammissibile in linea di principio da chiunque affermi di essere un difensore della Patria».

Il nume tutelare del femminismo di FN è Evita Perón. L'associazione Evita Perón[49] è «un'associazione di donne che si rivolge alle donne,» si legge sul loro sito «oggi troppo spesso private della loro identità a causa dei guasti devastanti prodotti dal "femminismo", perché tornino a rivendicare il loro diritto a essere madri del futuro della nostra società». Giuseppe Provenzale[50] scrive:

> Nasciamo per creare famiglie, non per vivere nella strada. Le militanti dovevano agire a fianco dei loro camerati ma affrontare le problematiche dello specifico femminile evitando assolutamente di correre

il rischio di “mascolinizzarsi”. In politica la donna deve essere al fianco dell’uomo, ma senza mai permettergli di immischiarsi nei suoi affari.

L’estate scorsa a Catania, Forza nuova ha organizzato la prima colonia estiva Evita Perón[51]: le educatrici insegnavano ai bambini il cromatismo ariano e spiegavano il significato dei tre colori nella bandiera nazista. Ogni bambino poteva dipingere la “bandiera della tradizione” sulla tela, come un’attività ludica.

Dentro Blocco Studentesco il clima è un po’ diverso. La differenza tra il modernismo comunicativo di CPI e il tradizionalismo di FN si riflette in tutto. In BS la presenza delle ragazze è sempre minoritaria, i ruoli sono formalmente uguali. «Prima la politica era considerata un argomento riservato agli uomini, mentre ora non è così» dice Clara, una militante romana. Tuttavia, le ragazze in sezione si occupano «della segreteria, perché siamo più predisposte, o del doposcuola» aggiunge Clara. E non sono contrarie all’interruzione volontaria della gravidanza.

Il nuovo fascismo un'ideologia ce l'ha

Populismo, qualunquismo, antipolitica: è chiaro come sia semplicistico definire così questa nuova destra? Nel 2010 la band I Cani cantava: «I pariolini di 18 anni / animati da un generico quanto autentico fascismo»[52]. Quel fascismo, oggi, è meno generico.

I piccoli capi hanno a cuore radici ideologiche, riferimenti culturali, sanno riacconciare le mitologie e la scaltrezza mediatica che oggi può essere sufficiente sui social o in tv, non subiscono più la sudditanza psicologica nei confronti di politici più istituzionali, siano un Gianfranco Fini o un Gianni Alemanno. Soprattutto definiscono la loro scelta politica come esistenziale.

Mentre da una parte escono dopo anni di indifferenza inchieste e notizie su questo mondo, comprese intercettazioni[53] che descrivono il neofascismo italiano come una sterminata Notte dei lunghi coltelli, dall'altra il neofascismo non si vergogna, non è più vittimistico, si autolegittima, indossa la cravatta. A leggere i commenti delle inchieste su «l'Espresso»[54] sulle violenze dei fascisti è chiaro che il clima politico è cambiato: il fascismo non indigna, il ritorno di violenze squadriste non suscita allarme.

Nel 2012 il «Secolo d'Italia», il giornale che con Flavia Perina aveva cercato di emancipare culturalmente la destra dall'eredità neofascista, non va più in edicola, resta solo on line. A fine 2017 invece va in edicola il giornale di riferimento di questa nuova area, «Il Primato Nazionale»[55], e il suo direttore Adriano Scianca è ben consapevole che la sfida culturale – dal momento che l'antifascismo non fa più parte dei valori condivisi – non è più uno scontro che vede i neofascisti perdere o ritirarsi nel vittimismo come era per «La voce della fogna»[56], storico foglio della nuova destra della fine degli anni Settanta. «Il Primato Nazionale» ribatte a ogni manifestazione e a ogni citazione del neofascismo, rivendica visioni contemporanee e non nostalgiche.

È vero che immerso nel flusso dei social, il sincretismo neofascista sembra aver trovato il suo habitat naturale. Ma se si leggono gli ultimi libri di Alain De Benoist, *Populismo*[57] (2017), o di Éric Zemmour, *Il suicidio francese*[58] (2014), cominciano a essere chiare le ascendenze politiche e culturali di questa nuova destra a cui non piace essere definita destra e invece non si vergogna a essere legata al fascismo. Sul «New Yorker» del 4 dicembre 2017[59] usciva un lungo saggio sulla nuova destra intellettuale europea (De Benoist, Renaud Camus, Guillaume Faye) e su come questa ideologia stia diventando un faro nero per i neofascisti polacchi e francesi, ma anche per i suprematisti bianchi negli Stati Uniti.

In Italia Adriano Scianca non si stanca di fare il traduttore di questa temperie. L'ideologia neofascista è quasi sempre un'ideologia essenzialista. Può fare di elementi culturali essenze ideali, o miti indipendenti dalle ermeneutiche: il marxismo, la psicanalisi, lo storicismo, la sociologia, tutto viene piegato alla difesa di identità in senso forte, ovvero di essenze ideali. Gli obiettivi polemici dei teorici del neofascismo sono ovviamente Derrida e il suo decostruzionismo, Foucault e la sua critica biopolitica, Hobsbawn e la sua teoria dell'invenzione della tradizione. Se poi si possono insultare anche personalmente non ci si risparmia. Come scrive Scianca in *L'identità sacra*[60]:

> Per il decostruzionista nessuna eccezione conferma la regola, ma solo stravolgerla. Una volta che ha dimostrato che qualcosa non esiste in modo puro e assoluto, egli è convinto che allora quella cosa semplicemente non esista in nessun modo, non abbia realtà alcuna, sia del tutto inservibile. La dimensione esplicitamente anti-identitaria della decostruzione è evidente. La storia personale di Derrida è a tal riguardo eloquente, essendo il filosofo un ebreo algerino di passaporto francese, situato quindi al crocevia di tre tradizioni culturali senza identificarsi propriamente in nessuna di esse.

Il mito principale che i neofascisti di oggi alimentano e seguono è quello della "grande sostituzione". Sempre Scianca, con afflato apocalittico:

> La cancellazione di un popolo dalla faccia della Terra – pratica che nei momenti peg-

giori della storia è stata riservata dalle classi dirigenti alle civiltà altrui, mai però alla propria, fino a oggi – è di fatto il punto numero uno nell'agenda di tutte le oligarchie mondiali. Il popolo da eliminare è innanzitutto quello europeo, la cui stessa esistenza, ancora oggi, nonostante tutto, malgrado l'irrilevanza crescente dei suoi componenti, rappresenta il grande scandalo, il peccato storico da redimere. L'Europa, persino questa Europa, agita ancora i sonni di chi aspetta da millenni di "chiudere" l'avventura storica dell'uomo, vedendo i suoi tentativi costantemente frustrati. Ed è da questa frustrazione che nasce il progetto più criminale mai concepito: il cambiamento di popolo.

Mischiato a complottismi come nel piano Kalergi[61] oppure a un anticapitalismo da bignami come in quello che scrive il rossobruno Diego Fusaro (per cui il fascismo è la forza attuale che più si può opporre al capitalismo, *sic!*), il timore per la "grande sostituzione" è un'idea che fa presa sui ragazzi. Nel suo fascino cospirazionista, è semplice e finge di spiegare con un solo concetto questioni molto diverse e complesse, dalle incognite dell'economia globale a quella della crisi della rappresentanza. In più trova chi, a vario titolo, fa eco a questa paranoia[62], provando a qualificarla.

Le Grand Remplacement[63] ("la grande sostituzione", appunto) è anche il titolo di un libro del 2011 di Renaud Camus, intellettuale francese, libertino, eterodosso, convinto che la grande battaglia da fare sia resistere all'invasione dei popoli non europei.

Ecco che, divisi su altri temi – per esempio quelli etici o su battaglie classiche della destra: il contrasto alla droga o all'aborto –, i neofascisti si compattano facilmente sulla difesa identitaria, sul tracciare un noi e un loro, nel mettere insieme islamici e comunisti nel fronte dei nemici da combattere.

E poi gli antifascisti. Perché paradossalmente l'antifascismo dichiarato ma non militante può fare il gioco dei neofascisti. Valerio Renzi sono anni che si gira le periferie, che cerca di smentire attraverso le sue inchieste la facile narrazione che si autoconferma della società impaurita e razzista. La sua fissazione per il neofascismo che riemerge oggi si è dimostrata la capacità di leggere in modo più profondo la realtà sociale. È appena uscito da un incontro pubblico sullo sdoganamento mediatico del fascismo, e si è fatto la stessa idea:

> Uno dei problemi è la retorica "antifascista" delle istituzioni, che non risparmia la scuola. Un antifascismo musealizzato, che suona ipocrita per tanti ragazzi di fronte alle ingiustizie sociali che subiscono le nuove generazioni, un antifascismo svuotato di senso offre così un bersaglio facile per l'antagonismo di maniera per le destre radicali, che riescono a presentarsi come il nuovo, come un'alternativa, riuscendo a reimpiegare anche i simboli, i nomi, i miti del neonazismo: basta pensare a come Degrelle viene presentato come la quintessenza dell'avventuriero e dell'uomo di azione. Un collaborazionista che ha scritto un pamphlet intitolato *Hitler per mille anni*!

I gruppi dirigenti delle formazioni giovanili di estrema destra non è un caso che vengano per lo più dalla buona borghesia. Altro che periferie! Non è un caso se i luoghi di ritrovo, i consumi culturali, di questi gruppi gravitino tutti attorno a quartieri come Ponte Milvio, Monti, Piazza Cavour. Qui sono a casa, si muovono senza problemi, si possono permettere di marcare il territorio, aggredendo anche chi viene percepito come estraneo. L'estrema destra dà una copertura ideologica a comportamenti sociali che *non* sono una devianza di strada. Non c'è lo spaccio per "svoltare", le rapine, i furti. La violenza sembra essere connessa quasi sempre alla sopraffazione, alla supremazia del proprio gruppo, il disagio o la marginalità non c'entrano quasi mai. Un modo di comportarsi che si sovrappone anche a diversi linguaggi subculturali, segnati sempre da una preminenza di atteggiamenti maschili e aggressivi, che vengono superficialmente politicizzati, facendo da lasciapassare per contesti diversi dai quartieri alti della città.

L'anti-antifascismo e l'integralismo cattolico di Lotta Studentesca

I neofascisti riconoscono le contraddizioni dell'antifascismo solo di bandiera e le sanno sfruttare. Il no al razzismo ma il sì ai respingimenti o al contrasto agli sbarchi, la difesa dei diritti dei più deboli ma l'aumento costante dei Centri di identificazione ed espulsione (CIE), come tutto il dibattito sullo *Ius soli*...

«Sull'immigrazione Minniti ha tolto consenso pure a Salvini. Per questo proponiamo zero compromessi, gli italiani hanno bisogno di sentirsi rappresentati dalla nostra tradizione» mi dice uno di Lotta Studentesca; e poi mi spiega come loro, la sezione giovanile di Forza Nuova, per esempio, hanno abbandonato le vertenze delle scuole per intraprendere una campagna «contro la cultura antifascista»: sanno di ricevere più luce e più consensi. Nel comunicato pubblicato sulla pagina Facebook *Lotta Studentesca Roma* lo chiariscono:

> Lotta Studentesca vuole ribadire che è pronta, anche fisicamente, a liberare la

scuola dall'ignoranza antifascista. Siamo davvero stanchi del solito piagnisteo di gioco alla guerra proletaria, per poi piagnucolare sotto la sottana di zio magistrato o papà poliziotto.
La vera violenza è di chi vuole dividere gli studenti e avvelenarli con un antifascismo sempre più grottesco e con la solita retorica immigrazionista di sistema, che punta a trasformare i giovani ribelli in morti senza patria e futuro. Ci vogliono tutti pecore pronte a correre alla mangiatoia dei loro business, invece troveranno lupi pronti a difendere la libertà e aquile pronte a spiccare le ali verso il futuro.

Il 22 novembre 2017, sempre sulla pagina Facebook, pubblicano la strategia politica in vista delle elezioni per il rinnovo della consulta provinciale degli studenti di Roma. Affermano che appoggeranno la coalizione che si porrà come unico obiettivo quello di contrastare l'antifascismo, «cancro della società, tutelato dalle istituzioni democratiche». L'ANPI è una delle vittime preferite, soprattutto a Roma. L'8 novembre FN organizza un “presidio militante” per protestare contro un’iniziativa organizzata proprio dall’ANPI e dalla sinistra romana in Piazza dei Re di Roma, a pochi metri dalla sezione dei neofascisti. Le voci di protesta che chiedono di sciogliere un movimento come Forza Nuova sono fiacche, isolate, testimoniali, museali. La recente legge Fiano contro l’apologia di fascismo[64] non soltanto ha chiaramente un’efficacia pari a zero, ma ha avuto effetti controproducenti. Matteo Renzi, che liquida la manifestazione di Macerata, ma poi va in pellegrinaggio a Sant’Anna di Stazzema, mostra senza rendersene conto come l’antifascismo di quel tipo sia un pezzo da museo per una parte importante della sinistra.

Ezio Prato è il responsabile nazionale di LS. Mi ripete anche lui identità, identità, identità. Insiste al solito sul fascismo diciannovista e saloino, mi spiega che «Lotta Studentesca nasce nel 2006, prima si chiamava Azione Studenti, che già il nome lo senti che sa di vecchio, invece noi siamo figli e nipoti di Terza Posizione». Si dichiara antidemocratico, citando le tesi di Nicola Cospito[65]. Ha idee razziste che giustifica con una prospettiva naturalistica: «Sono aristotelico, per natura ognuno è portato a fare determinate cose. Come dice Aristotele, non tutti valiamo uno». Parla un italiano farraginoso, ma ci tiene a sottolineare la dimensione culturale di Lotta Studentesca. Contro lo *Ius soli*:

> Quando nascevano le nazioni nell'Ottocento, nascevano con un mito fondante, la Germania si è andata a ripescare la Saga dei Nibelunghi. E siamo pronti a rinunciare a tutto questo come stiamo già facendo? Io piuttosto farei una grande riforma agraria. Per esempio in Sicilia, che ai tempi dell'Impero romano era il granaio dell'impero.

O nel tentativo di creare un qualche immaginario:

> Quando facevo formazione dei libri ai nuovi ragazzi camerati: i classici Codreanu e Degrelle, ma anche pochissimi saggi di riferimento all'area neofascista, spazio da Orwell ai romanzi storici.

Andrea di Cosimo, responsabile nazionale di Lotta Studentesca e candidato di punta nella lista «Patria Iorio Sindaco» durante le elezioni comunali del 2016 in cui prese 38 voti, scrive sulla sua pagina Facebook:

> SAN GIOVANNI SI DIFENDE!
> Sabato mattina ANPI e sinistra varia hanno organizzato un presidio a Piazza Re di Roma, a pochi metri dalla nostra sezione di via Taranto. Non possiamo tollerare questa ennesima provocazione da questi traditori della patria, sostenuti e finanziati dai peggiori poteri forti, e sostenitori dell'immigrazione.
> Noi sabato saremo in sezione, a Via Taranto, consegnando, come ogni sabato, pacchi alimentari agli italiani in difficoltà. A Piazza Re di Roma i nemici dell'Italia, a Via Taranto i patrioti in lotta, con l'ANPI la peggiore reazione e i coccola-clandestini. Con Forza Nuova, la Roma che si ribella.

La sezione di Via Taranto è stata occupata nei mesi scorsi per allestire una mensa per soli italiani in difficoltà, vietata dunque a poveri di altre nazionalità e immigrati. Oltre alle saracinesche di ferro ridipinte col tricolore, accanto agli ingressi sono attaccati i loro manifesti abusivi con l'immagine di una donna che allatta un bambino e la scritta: «Nascite ai minimi storici. L'Italia ha bisogno di figli, non di unioni gay e immigrati».

I locali sono di proprietà dell'ATER che ha presentato una denuncia alla procura e alla polizia municipale nel 2016 e un'altra nel 2017. I residenti accanto spesso si lamentano delle attività che vengono organizzate all'interno dello stabile, svolte soprattutto di pomeriggio, e alcuni hanno organizzato una raccolta firme per chiederne lo sgombero.

Da Via Taranto partono la maggior parte delle azioni di Forza Nuova e di Lotta Studentesca, non soltanto azioni mirate alla salvaguardia e al controllo del quartiere, ma negli stabili occupati si organizzano tutte le azioni che interessano il territorio romano. Nella sezione si organizzano anche dibattiti e conferenze sul fascismo e si distribuiscono adesivi e materiale di supporto ai militanti arrestati.

Il 23 novembre, durante un'iniziativa organizzata proprio dall'ANPI nel quartiere di San Giovanni a Roma, considerato un feudo da parte dei giovani forzanovisti, il movimento neofascista convoca un "presidio militante" di fronte alla sede di Via Taranto, per rispondere alla provocazione dell'Associazione Partigiani Italiani. Per Forza Nuova era intollerabile che l'onorevole Emanuele Fiano, accompagnato dalla "pennivendola" Federica Angeli[66], discutesse di neofascismo in quel quartiere.

Negli ultimi anni i ragazzi e ragazzini di Forza Nuova e Lotta Studentesca fanno gli squadristi in giro per la città e i militanti singoli sono stati più volte denunciati anche per comportamenti non direttamente connessi alla politica.

Il 28 ottobre un militante di LS è stato denunciato per aver attaccato degli adesivi antisemiti contro Anna Frank in Curva Nord allo Stadio Olimpico, feudo dei tifosi laziali. Lo stesso, durante il corteo di Forza Nuova Tutto per la patria, svoltosi a Roma il 4 novembre, rivolgendosi ai giornalisti presenti, tendeva il braccio per fare il saluto romano urlando: «Boia chi molla».

Durante l'estate due ragazzi vengono picchiati per aver staccato un manifesto di Lotta Studentesca di fronte alla metro Re di Roma. Gli autori del raid fascista sono tutti giovani tra i 19 e i 24 anni, denunciati per lesioni volontarie aggravate[67].

Il 13 ottobre diversi militanti di Forza Nuova aggrediscono alcuni studenti del Russell fuori dall'edificio durante un volantinaggio contro la Buona Scuola. «Davanti al liceo Russell, gli studenti stavano raggruppando i loro compagni di scuola per dirigersi verso il concentramento a Ostiense, per partecipare alla manifestazione insieme a tanti altri studenti romani. Lotta Studentesca, la struttura giovanile della formazione neofascista Forza Nuova, si è scagliata con violenza contro i ragazzi, strappando i manifesti e lo striscione usati dai nostri compagni. Uno di questi ha colpito in viso il rappresentante d'istituto della scuola. Questa violenza è inaccettabile» ha denunciato il coordinatore della Rete degli Studenti Medi. Il responsabile nazionale di Lotta Studentesca, Andrea di Cosimo, ha risposto così: « Non c'è stata nessuna violenza fisica, gli abbiamo tolto gli striscioni e anche i volantini, ma nessuno ha alzato le mani». Il copione solito, i blocchi contrapposti, la violenza di difesa, l'antifascismo come cultura di nicchia. I ragazzi antifascisti sono più isolati nelle scuole.

Il 6 dicembre, durante l'azione intimidatoria sotto la redazione di «Repubblica», gli agenti della DIGOS di Roma hanno individuato anche un minorenne tra le persone a volto coperto che partecipavano al blitz. A conferma che i giovanissimi partecipano attivamente alle azioni che Forza Nuova organizza su tutto il territorio nazionale.

Rispetto a CasaPound, che occhieggia ancora il neopaganesimo di Evola con tutte le sue pacchianerie e incongruenze storiche e culturali facilmente riconoscibili[68], in Forza Nuova e Lotta Studentesca c'è ovviamente l'elemento in più dell'integralismo religioso. Identità, sovranismo, ma anche la lotta alla droga – «Siamo l'unico movimento giovanile ancora a fare lotta contro la droga» – e contro l'aborto – «Con le nuove generazioni a quattordici anni devi parlare de ste cose». La messa è un momento di aggregazione, anche se papa Francesco è una specie di avversario politico: «Siamo scettici di fronte al suo pontificato». Una comunità di riferimento celebra ad Albano Laziale: è quella dei lefebvriani di San Pio X, anticonciliari, al massimo vicini a Benedetto XVI.

Oppure in molti mi citano la figura di don Ennio Innocenti. Nato nel 1932, è oggi un anziano cappellano della Sacra Fraternitas Aurigarum Urbis a Roma.

Lo contatto per domandargli quali siano i suoi rapporti con Forza Nuova, Lotta Studentesca e il neofascismo. Mi risponde in modo ironico:

> Il vero nemico della Chiesa e del mondo contemporaneo è il liberalismo. Mussolini si era convertito, come dimostro nel mio libro, e aveva abbracciato la dottrina sociale della Chiesa. Io ho avuto sempre amicizie con i neofascisti, perché mi sembrava che fossero tra i pochi a combattere contro la deriva iperliberista e illuminista. E quelli di Forza Nuova sono tra questi, ma il problema è che sono ignoranti. Ancora parlano di istruirsi. Da molto tempo Roberto Fiore

voleva fare una scuola, che doveva essere seguita da tutta Italia, attraverso un portale informatico, ma poi non hanno fatto nulla. Non hanno studiato, non hanno abbastanza radici storiche e culturali per motivare le loro convinzioni.

I social fascisti

C'è un indottrinamento tradizionale e poi c'è l'uso della rete che consente di pescare militanti e di creare comunità. Facebook e Instagram servono per l'autonarrazione, prima di tutto, diventano strumenti necessari anche per il proseguimento dell'attività politica.

Soprattutto Instagram, un mondo sconosciuto per la vecchia politica: su Instagram si possono pubblicare le foto e i video delle azioni svolte, le riprese delle affissioni, si possono condividere i comunicati politici, ci si può aggiornare sulle iniziative del movimento. Come su Facebook, le strutture possono sponsorizzare le proprie attività, investendo soldi perché migliaia di utenti possano visionarle.

CasaPound gestisce decine di pagine sia su Facebook sia su Instagram. A ogni città corrisponde una pagina, su cui vengono pubblicate le iniziative svolte sul territorio e le dichiarazioni dei vari responsabili, locali e nazionali. Su Instagram, soltanto per la città di Roma, le pagine gestite dai militanti di CasaPound sono *casapound_roma*, *casapound_roma_sudovest*, *casapoundlitorale*, *blocco_studentesco_roma*, *castelliromaniblackflag*, e chiaramente da Roma partono le direttive nazionali per la comunicazione social. Su Facebook invece ogni municipio di Roma ha la propria pagina Facebook di riferimento, in cui vengono raccontate minuziosamente tutte le attività organizzate e svolte nel quadrante di competenza.

Tutto ruota attorno a un unico obbiettivo: rimarcare una presenza fissa, dimostrare a chi ti guarda e ti segue quello che fai, quello che sei, quello che vuoi e che quello che vorresti essere.

Su Facebook le attività delle organizzazioni neofasciste sono maggiormente controllate; Instagram invece brulica di pagine di puro odio.

La pagina Instagram *x_flottiglia_mas* (la cui fede politica è legata a CPI) è solita organizzare sondaggi virtuali, attraverso le storie in Direct – una delle caratteristiche di Instagram è quella di poter pubblicare foto e video all'infinito sulla propria "Storia" – dal carattere discriminatorio senza remore. Esempio: in un sondaggio, gli amministratori chiedono ai propri utenti «Sei omofobo?» e la risposta che viene fornita dalla pagina, chiuso il sondaggio, è «Orgogliosamente omofobo». La pagina, che condivide le locandine di CasaPound e invita a votare il movimento, quotidianamente insulta migranti, omosessuali ed ebrei.

Se ne contano facilmente un centinaio, di questo genere, tutte si definiscono apertamente "pagine fasciste". Le fake news sono il cibo di cui si nutrono, tutte le pagine riempiono le proprie *bio* con foto e video il cui revisionismo storico tocca livelli anche di estrema comicità. La maggior parte delle pagine collaborano fra loro, se chiamate a raccolta si alleano per segnalare un utente ritenuto scomodo, un "bolscevico" – come lo definiscono nei commenti – e in caso di difficoltà invitano i loro follower a sostenere le pagine «colpite dal sistema».

Un'altra pagina, *repubblica_sociale_italiana* (2.600 follower), il cui admin è un militante veronese di CasaPound, invita caldamente a non sprecare il proprio voto e consiglia di barrare il simbolo di CPI, «gli unici veri eredi del fascismo». Oltre alle già citate, pagine come *fronte_italiano* (che ha anche un account twitter), *nazionalismo_italiano*, *il.dvce*, *fascismomoderno*, *fascismo_italiano*, ma basta inserire nella casella delle ricerche di Instagram la parola "fascismo" e ne vengono fuori a centinaia.

Quali sono le ragioni della crescita della presenza neofascista nelle scuole

Ignoranti, confusi, ma efficaci, convincenti, in molti casi allarmanti[69] per la capacità di fare proselitismo.

A Ostia, per esempio, dove hanno il controllo di diverse scuole, la situazione può essere davvero complicata. Una ragazza di 18 anni del liceo Anco Marzio fa di tutto, dice, per cercare di dare un senso all'antifascismo:

Non è solo Ostia, ma è tutto il decimo municipio. Ma se nei licei la presenza delle liste neofasciste è ridotta, nei tecnici, al Faraday, al Carlo Urbani, al Verne e, in forma minore, al Toscanelli hanno una forte influenza. Perché negli istituti tecnici chi fa politica se ne frega in genere, e loro ne approfittano. Sai come si sono radicati? Hanno cominciato dando una mano a fare le occupazioni: l'anno scorso al Faraday l'occupazione l'ha fatta gente ormai uscita da scuola, militanti di Blocco Studentesco. Sono capaci di penetrare a tal punto che in certe scuole il logo di Blocco Studentesco è quotidianità, l'essere studente si confonde con l'essere militante. Si piazzano davanti scuola a dare i loro volantini, fanno reclute, e gli studenti non si ribellano: non vedono BS come una giovanile di partito. Questo perché si prendono i ragazzini di quindici anni, li mettono a fare la raccolta di generi alimentari fuori dai supermercati, gli fanno fare assistenza alle famiglie, non fanno politica all'inizio, ma cose pratiche all'interno del territorio. E poi picchiano. Intimidazioni, anche. Una testata a uno, uno sputo a un altro[70]. È capitato anche a me quando avevo quindici anni: Luca Marsella, che oggi fa il consigliere di CasaPound in municipio, mi ha aspettato fuori scuola e mi ha detto: «Te devi smettere di fare politica, perché sei una zecca di merda».

Com'è avvertita l'avanzata del fascismo nelle scuole? Francesca Picci dell'Unione degli Studenti mi racconta che hanno scritto un appello[71] da far firmare ai rappresentanti d'istituto e delle consulte, per smascherare le liste "apolitiche", che in realtà hanno una chiara ideologia neofascista, e per «promuovere dentro le scuole e dentro le consulte iniziative e assemblee informative sul significato e sull'importanza che oggi ha l'antifascismo, organizzare eventi di scambio culturale con tutti gli studenti e tutte le studentesse migranti che ogni giorno condividono con noi le ore di lezione, organizzare giornate contro l'omofobia sono solo alcune delle tante attività che possiamo mettere in campo».

Ma il vero tema sollevato da chi fa politica

a sinistra è che la crisi dei movimenti è stata condizionata dalla repressione:

> Fare politica alle scuole superiori sta diventando sempre più difficile anche a causa delle riforme che sono state fatte e che sempre di più tendono a "normalizzare" e a reprimere l'espressione degli studenti, attraverso vari strumenti: il voto in condotta, il limite delle cinquanta assenze all'anno. La stessa rappresentanza studentesca molto spesso è impaurita dalle minacce dei dirigenti, dai docenti. Mettici la crisi non solo dei partiti tradizionali, ma delle giovanili dei partiti, e capisci come un orizzonte valoriale neofascista – fatto di ordine, sicurezza, onore, patria – che prima non riusciva a passare, oggi trovi chi lo ascolta e lo sposi.

Un'analisi simile ce la fa un gruppo dei movimenti milanesi che ha fatto politica nelle scuole negli anni zero e oggi. Una ragazza che ha fatto parte dei collettivi di sinistra mi dice:

> Molti, piuttosto che essere bocciati o rimandati, smettono di fare politica. Le scuole

sono sì ancora il laboratorio per il paese. Ma è chiaro che se le occupazioni sono criminalizzate, se le mobilitazioni contro l'alternanza scuola lavoro incidono sul voto finale, la partecipazione diventa complicata.

E Francesca Coin, docente di movimenti sociali alla Ca' Foscari, ne dà un'interpretazione:

> Mi sembra che la seduzione politica della destra sia una specie di reazione alla tecnocrazia. Nelle scuole la gestione del tempo è sempre più tesa alla competizione. L'Invalsi, le continue verifiche e sanzioni, l'alternanza scuola lavoro costringono a un processo di valutazione continua che separa le nuove generazioni dalla politica e dalla storia. In tutto questo la cultura di destra si presenta come un antidoto a un insieme di prescrizioni spesso percepite come vessatorie mentre le pratiche cui si sono rifatti spesso i movimenti studenteschi di sinistra, come le occupazioni e le autogestioni, vengono spesso punite a

livello disciplinare e criminalizzate come fossero nocive.

Il risultato è che non solo la sinistra sia in crisi, mentre il fascismo è una moda, ma che lo stesso termine "politica" sia diventato una parolaccia.

La rappresentante d'istituto eletta al liceo Farnesina in una lista che si chiama MILF (Movimento Interno Liceo Farnesina[72]) mi riassume una tendenza che ho ascoltato in decine d'interviste:

> Noi siamo contro la politica. Anzi penso che sia proprio proibito a scuola fare politica e parlare di politica. Ora non so quale sia la legge… ma né gli studenti né i professori possono fare e discutere di politica.

La prateria dell'antipolitica da chi verrà conquistata? Una parte di questo territorio è già presidiato da liste neofasciste che si presentano con simboli e nomi anonimi. Con Trump e Putin al potere nello scacchiere internazionale – e molti studenti che intervisto si dichiarano *trum-*

pisti o *putiniani*, affascinati «da come tratta gli immigrati l'Austria oppure Marine Le Pen» – nel guado della crisi della politica, i neofascisti hanno saputo prima galleggiare e poi ricavarsi una loro credibilità. E non per caso.

«L'aver raso al suolo ogni ideologia di sinistra» mi dice Marco D'Eramo «ha lasciato che sopravvivesse, al riparo dalle critiche, una cripto-ideologia fascista che ha potuto rifiorire, ridarsi dei testi base, ricostruirsi una genealogia in una situazione di quasi clandestinità (rispetto a *mainstream*). Così quella è rimasta l'unica ideologia anti-sistema disponibile per un adolescente.»

Una credibilità che paradossalmente non è inficiata nemmeno dall'evidenza della contraddizione: gli arresti che CasaPound subisce, le inchieste sui finanziamenti, la violenza messa in atto. L'elenco degli ultimi mesi delle aggressioni ai danni dei minori da parte delle formazioni neofasciste (ancora una sintesi a cura di Leonardo Filippi sul numero 50 di «Left»[73], o il lavoro di denuncia quotidiana che fa la rete di antifascismo militante[74]) è davvero ampio: da novembre 2016 a Trento – dove al liceo

Prati tre studenti antifascisti vengono colpiti da pugni e schiaffi dopo aver contestato un volantinaggio di Blocco Studentesco davanti scuola – a novembre 2017 ad Ascoli Piceno – dove un ragazzo di 20 anni, dirigente provinciale del Blocco Studentesco, viene accusato di aver aggredito e colpito al volto uno studente di 17 anni, eletto al liceo Mazzocchi in una lista antifascista.

La dinamica sembra sempre la stessa: alla contestazione ai neofascisti (che volantinano, manifestano, mettono banchetti) viene risposto con la violenza fisica. Pestaggi, aggressioni, «sane scazzottate», come diceva Rolando nella sede di Via Napoleone III. Che il fascismo sia una moda non può confutarlo nemmeno chi lo avversa (nelle scuole benestanti di Roma nord, quelle dove all'uscita vedi fare saluti romani per goliardia e ostentare le catene dei motorini come un arma), ma la competizione per certi non è con una militanza antifascista, ma con chi cerca di prendersi lo spazio dell'antipolitica – uno spazio che a livello studentesco il Movimento cinquestelle non è riuscito e non ha voluto organizzare.

La post-politica: Simmachia

Per questo la novità più interessante della politica nei licei romani è sicuramente Simmachia. Nel 2016 Leonardo Panerai, un rappresentante che frequenta l'ultimo anno del liceo classico Giulio Cesare, va da un suo amico, Giovanni Nasta, all'ultimo anno del classico Lucrezio Caro. Ha in testa una rete di liste scolastiche che siano apolitiche, né destra né sinistra. Il nome Simmachia vuol dire appunto "combattere insieme". Si presentano alle elezioni dopo nemmeno due mesi dalla fondazione e conquistano quindici scuole di Roma (oltre il Caro, con mille voti, e il Giulio Cesare, con 4 seggi su 4, l'Azzarita, il Farnesina, l'Avogadro, il Mameli...), piazzano quindici rappresentanti in consulta provinciale.

Il programma di Simmachia è semplice e plastico, tanto generico da non essere evidentemente comprensibile secondo le categorie di una politica tradizionale. Il sito lanciato da qualche settimana prova a buttarlo giù.

Culturale. Attraverso lo scambio di ospiti e idee per assemblee e incontri extracurriculari. Iniziative per informare e sensibilizzare i ragazzi su determinati temi in spazi esterni alla scuola.

Sportivo. Attraverso la realizzazione di tornei, che spaziano nelle discipline più diverse, per valorizzare tutte le inclinazioni degli studenti.

Ludico. Attraverso la realizzazione di feste che possono coinvolgere una o più scuole.

Politico. Attraverso la realizzazione di iniziative per dare agli studenti la possibilità di farsi sentire, muovendo insieme scuole diverse per il raggiungimento di obiettivi comuni.

Nel 2017 Simmachia vince in quindici scuole, alla prima specie di convegno partecipano quasi 400 persone, i simpatizzanti diventano migliaia, i militanti un centinaio e si danno uno statuto di associazione culturale, diventando l'associazione più importante all'interno dell'università Luiss (molti intanto hanno fatto la maturità). A dargli una mano c'è Gian Luca Comandini, imprenditore ventisettenne, fondatore di You&Web, che si entusiasma del progetto per come glielo racconta Panerai.

Viene da me questo ragazzo che non conoscevo. Leonardo Panerai si era accorto della deriva non solo politica ma sociale che stavano prendendo i ragazzi del quartiere, che crescono con il modello del bulletto, della cannetta. A lui viene in mente di creare una comunità – totalmente apolitica – che invece raccolga il fascino delle nuove conoscenze. Il 65 per cento dei lavori futuri sarà intelligenza artificiale, big data, blockchain, tutte cose che a scuola non ti insegnano. A me questa sua idea piace tantissimo, perché una delle cose che ho sempre voluto fare è tornare a scuola per prendere per mano i ragazzi a fare un percorso più facile del mio. Io a scuola ero lo sfigatello, uno sempre senza amici, senza maestri. E prima di conoscere loro, ero sicuro che anche la loro generazione fosse bruciata.

Comandini gli lascia i contatti, gli regala libri: Sun Tzu, Marco Aurelio, Byung-Chul Han (di nuovo! N.d.A.), Richard Thaler, il premio Nobel per l'economia 2017. Gli presta qualche soldo per iniziare e gli mette a disposizione i locali dei suoi uffici per fare le riunioni. Come Nasta e Panerai, anche Comandini insiste a definire la politica qualcosa di squalificato, che non gli interessa: «I millennials, di cui io faccio parte in un modo strano, hanno perso fiducia in qualunque sistema tradizionale. Il semplice fatto di esserci stato vuol dire aver fallito». Ognuno di loro si smarca dall'idea di voler impegnarsi in politica in modo più organico.

Nonostante le offerte che Comandini riceve ogni giorno – il 13 dicembre in un'intervista sul «Messaggero» Silvio Berlusconi lo indica come futuro ministro dell'Innovazione –, non ha intenzione di candidarsi, scherza che al massimo farebbe il ministro dell'Infosfera, è un convinto sostenitore di creare delle infrastrutture digitali statali contro il dominio di Google e Facebook, e crede che Simmachia abbia un gran futuro – molto oltre il Movimento 5 Stelle per esempio («che è un'azienda che porta i milioni di proventi del blog in Costa Rica, e un partito senza competenze»): «Simmachia occuperà quel buco lasciato dal ricambio generazionale».

Se parliamo del piano politico, Ernesto Laclau a partire dalla sua teoria della *Ragione populista* potrebbe dire che Simmachia è un significante vuoto. Colin Crouch con la sua idea di *Postdemocrazia* parlerebbe forse di tecnicizzazione della politica. Ma non si può interpretare solo sul piano politico. «Simmachia è un brand che funziona» mi dice uno studente del Giulio Cesare. «Simmachia è la svolta» mi dice un suo amico che sta al Tacito.

«Simmachia non è roba borghese, è una cazzata» mi dice Giovanni Nasta. Lui viene da una famiglia del ceto medio, non si veste come un pariolino ricco, ha 19 anni ma sembra assumere su di sé la disillusione della sua generazione – «Io sono entrato con la Buona scuola. Io sono uno che non prende una parte senza essermi fatto un'idea prima» – e che però nei suoi toni sembra anche avere senso di responsabilità e pragmatismo. Politica è un termine da bandire – «Non mi piace la politica perché nelle scuole è nozionismo politico, anche i professori sono politicizzati: non ne ho mai conosciuto uno apolitico» –, ma saper fare rete può essere utile: i contatti su Instagram e Facebook, le amicizie con i politici – «Io ho avuto modo di parlare con persone vicine a Matteo Renzi» –, gli esperti da invitare alle assemblee, le altre associazioni come Libera da coinvolgere.

«Ci ha colpito da subito, poi conosciamo tutti, fanno tante cose e organizzano serate stile Roma Nord, molto partecipate, con un sacco di sponsor conosciuti. Se hai votato Simmachia alle elezioni studentesche, alla prima assemblea d'istituto che organizzano, puoi ritirare una tessera sconto che vale in diversi negozi come Windrose e Subdued.» Due ragazzi all'ultimo anno del liceo Talete mi mostrano una foto su una pagina Instagram legata a Simmachia che elenca tutti gli esercizi commerciali connessi alla fidelity card. Si ritengono quasi tutti fascisti ma spiegano che seguono soprattutto la moda: nessuno di loro fa attivamente politica, non gli interessa, la vedono come una perdita di tempo.

> Il sabato sera si sta tutti assieme, si va a ballare, oppure si gira tra i classici luoghi di ritrovo giovanili, solitamente spendo quasi 100/150 euro a serata, divertirsi costa. Ca-

pita che facciamo a botte, fortifica. Purtroppo quelli di Roma Sud sono arrivati anche qua, a volte vengono a rompere il cazzo a Piazza delle Muse, fanno i prepotenti, provano a rubarci collane e vestiti, ma se siamo in tanti se ne vanno. Se non andiamo a ballare passiamo le serate tra Piazza Cavour, Piazza Euclide, Ponte Milvio e Piazza delle Muse. Solitamente si balla al Nice, all'Art Cafè al Suite o al Magic Fly, ma capita di spostarsi fino all'Eur, per fare il tavolo a Spazio 900. Da quando Cavour non è più quella di una volta, l'età media si è drasticamente abbassata, la gente che era solita vivere la piazza a Prati si è spostata più al centro storico, nei pressi di Piazza Navona, al Bar del Fico. Meno controlli, più libertà di bere e di divertirsi. La passione per la musica è più roba da Roma Sud, non ho un genere predefinito, mi piace ascoltare tutto. Dalla musica commerciale a quella techno, anche la musica trap, pure se è da zecche.

In poco più di un anno Simmachia è diventata la realtà più importante in metà delle scuole di Roma Nord e all'università privata Luiss. Nemmeno ventenni, post-ideologizzati, sanno fare benissimo lobbysmo e comunicazione.

Poco prima di Natale, Gian Luca Comandini ha lanciato insieme a un gruppo di giovani imprenditori un partito con cui ha deciso di candidarsi alle elezioni del 4 marzo. Si chiama Dieci Volte Meglio, e il manifesto[75] spiega che «il nostro è un progetto apartitico», che il gruppo denuncia un'Italia in cui regnano «corruzione, invidia, incompetenza e inciviltà» e che vuole renderla «non un posto migliore, ma IL posto migliore». Leggendolo, mi è sembrato di provare la stessa sensazione registrata parlando con chi ha quindici o vent'anni: che la politica sia una grandissima casella vuota che ognuno può riempire come vuole.

Quella fatta da ragazze e ragazzi nelle scuole italiane è lo specchio della politica di domani. Dopo anni di svuotamento, il paesaggio è deserto, ma sta ricominciando a popolarsi. Di che cosa? La sinistra in crisi, i detriti del neofascismo, le parole vuote, il desiderio di comunità, la nostalgia per i "padri", la sfiducia ormai quasi endemica.

La maggiore ragione della crisi dell'antifascismo non nasce nemmeno dallo sdoganamento e dalla legittimazione dei fascisti, i ragazzi di Salò riabilitati da Luciano Violante (una pagina putrida, intendiamoci), quanto nella responsabilità che quella generazione di sinistra vendutasi a qualche imitazione del blairismo o all'antipolitica ha avuto nel non sapere immaginare un'idea di società diversa. Pertini poteva permettersi di andare a visitare il neofascista Paolo Di Nella in ospedale, perché aveva un'idea di società, il progetto costituzionale, un modello pedagogico con cui poteva persino immaginare, anzi essere convinto, che il socialismo e l'antifascismo avrebbero costruito un orizzonte di senso anche per chi aveva creduto nel fascismo; vedi la parabola di Giulio Salierno e della sua *Autobiografia di un picchiatore fascista*, o di tanti come lui passati dal fascismo all'antifascismo militante, convintamente. Oggi questa idea di società a sinistra fa fatica a esistere; anche perché è stata combattuta in nome delle varie declinazioni del *there's no alternative*, della sudditanza nei confronti del potere spacciata per senso di responsabilità, dei voti utili, delle retoriche della paura. Il Movimento Cinquestelle e il Pd non hanno lasciato nulla in dieci anni di politica. Né un testo di riferimento, né un intellettuale, né un giornale, né praticamente un'organizzazione. Mentre l'Unità veniva distrutta, e il blog di Beppe Grillo ritornava a essere un blog personale su cui Grillo può scrivere le sue stupidaggini complottiste, i fascisti elaboravano testi e idee che oggi sono egemoniche, come quella della Grande Sostituzione.

Il terreno su cui oggi i neofascisti possono seminare è stato arato da chi a sinistra, o in generale nel contesto democratico, si è autoboicottato, illudendosi di conquistare consenso con la strumentalizzazione di parole di destra come "sicurezza", finendo per crederci. "Sicurezza" non è una parola di sinistra. La sinistra, incapace di trovare riferimenti ideali e pratiche, dalla caduta del muro in poi, prima sedotta dal blairismo e poi impaurita dalla repressione post-Genova e post-11 settembre, si è impiccata da sola a questo immaginario politico di destra: paternalismo, decoro, sicurezza, innovazione, controllo, meritocrazia, competizione. Nel 2008 Walter Veltroni inaugurava la fondazione del Pd, reagendo all'omicidio Reggiani con la più rovinosa uscita razzista: interpellò il governo rumeno dichiarandolo complice della criminalità evidentemente genetica dei rumeni in Italia. Come sempre accade, il razzismo moderato spiana la strada per il razzismo estremo. Vinse le elezioni a sindaco Alemanno, un vecchio camerata con una croce celtica al collo. Millantare un razzismo moderato pensando di contenere o addirittura portare dalla propria parte il fascismo aggressivo – così vale per i campi di detenzione in Libia, il respingimento degli immigrati, la fine della missione Triton, la criminalizzazione delle ONG, eccetera… – produce come risultato che il fascismo vince a mani basse.

Ed è soprattutto per questo che il futuro proietta una strana luce nera.

Note

1 www.facebook.com/permalink.php?story_fbid=1069642689742554&id=174280745945424.

2 G. Caldiron, *La destra plurale*, Manifestolibri, 2011.

3 it.wikipedia.org/wiki/Entrismo.

4 www.ilfattoquotidiano.it/2012/01/13/casa-pound-casa-senza-pound/183703/.

5 it.wikipedia.org/wiki/Manifesto_di_Verona.

6 www.casapounditalia.org/p/le-faq-di-cpi.html.

7 roma.repubblica.it/cronaca/2017/11/09/news/giornalista_aggredito_da_roberto_spada_picchiato_a_freddo_per_delle_domande_ma_si_scusi_con_ostia_-180631718/.

8 www.repubblica.it/politica/2017/12/06/news/forza_nuova_mascherati_fumogeni_intimidazione_repubblica-183252738/.

9 roma.repubblica.it/cronaca/2017/12/13/news/fiore_servizi_dietro_militia_casapound_e_con_la_lega_ci_ha_lavorato_delle_chiaie_-183971971/.

10 https://www.internazionale.it/notizie/nicoletta-bourbaki/2017/02/10/foibe

11 www.youtube.com/watch?v=t3dCOpdvNyM.

12 www.vice.com/it/article/bnwavq/storia-font-ultras-liberi-593.

13 www.passaggioalbosco.it/.

14 fr.wikipedia.org/wiki/Olivier_Rey_(philosophe).

15 it.wikipedia.org/wiki/Byung-Chul_Han.

16 it.wikipedia.org/wiki/Nuova_Destra.

17 L. Del Corso, P. Pecere, *L'anello che non tiene. Tolkien fra letteratura e mistificazione*, Minimum Fax, 2003.

18 it.wikipedia.org/wiki/Terza_Posizione.

19 M.G. Cammelli, *Fascisti del terzo millennio*, Ombre Corte, 2015.

20 N. Rao, *La fiamma e la celtica*, Sperling & Kupfer, 2010.

21 it.wikipedia.org/wiki/Terza_Posizione". (Gli inizi: Lotta Studentesca.)

22 ricerca.repubblica.it/repubblica/archivio/repubblica/2017/11/18/e-la-destra-conquista-anche-la-scuola-ci-concretiFirenze03.html.

23 www.gabrieleadinolfi.it/Sorpassoneuronico.pdf.

24 it.wikipedia.org/wiki/Fascisti_su_Marte.

25 ricerca.repubblica.it/repubblica/archivio/repubblica/1995/07/02/identikit-del-fascista.html.

26 B. Anderson, *Comunità immaginate*, Manifestolibri, 2009.

27 M.G. Cammelli, *Fascisti del terzo millennio*, op. cit.

28 F. Jesi, *Cultura di destra*, nottetempo, 2011.

29 espresso.repubblica.it/attualita/2017/07/25/news/violenze-fascisti-1.306698.

30 S. Luzzatto, *La crisi dell'antifascismo*, Einaudi, 2004.

31 E. Traverso, *I nuovi volti del fascismo*, Ombre Corte, 2017.

32 www.doppiozero.com/materiali/fascismo-o-destra-radicale.

33 www.sisp.it/files/papers/2012/lorenzo-zamponi-1325.pdf.

34 www.raistoria.rai.it/articoli/lagguato-di-via-acca-larentia/11751/default.aspx.

35 www.ilfattoquotidiano.it/2012/01/13/roma-spettro-acca-larentia-dietro-ferimento-francesco-bianco/183583/.

36 www.associazionedecimaflottigliamas.it/il-decalogo.html.

37 C.Z. Codreanu, *Il capo di Cuib*, Edizioni di Ar, 2009.

38 L. Degrelle, *Militia*, Edizioni di Ar, 2014.

39 roma.fanpage.it/saluti-romani-chi-sono-e-dove-sono-di-casa-i-fascisti-della-capitale/.

40 www.globalist.it/news/articolo/2017/11/02/i-bengalesi-vanno-picchiati-cosi-forza-nuova-indottrina-i-ragazzini-al-razzismo-2014147.html.

41 roma.repubblica.it/cronaca/2017/11/02/news/la_scuola_di_razzismo_nella_sede_di_forza_nuova_picchiate_i_bengalesi_-179997138.

42 D. Di Tullio, *Nessun dolore. Una storia di CasaPound*, Rizzoli, 2010.

43 www.berghahnjournals.com/view/journals/focaal/2017/79/fcl790108.xml.

44 www.temponews.it/news_11649_L'uomo_a_lavorare_e_la_donna_a_casa:_Forza_Nuova_alla_sfida_del_calo_demografico.html.

45 www.facebook.com/ForzaNuovaPaginaUfficiale/posts/2151902751493898.

46 ordinefuturo.net/2016/04/06/illuminismo-e-femminismo/.

47 ilpiccolo.gelocal.it/trieste/cronaca/2017/11/17/news/trieste-arriva-forza-nuova-la-questura-limita-il-corteo-femminista-1.16129867.

48 www.facebook.com/GiuseppeProvenzalepaginaufficiale/photos/a.463607207007528.110637.463603903674525/1746037178764518/?type=3&theater.

49 www.forzanuova.eu/evita-peron.

50 www.forzanuova.eu/evita-femminista/.

51 video.repubblica.it/edizione/palermo/catania-colonia-estiva-forza-nuova-l-ammainabandiera-notturno-tra-i-canti-dei-bambini/282458/283067

52 www.youtube.com/watch?v=NJpgGF9p1TA.

53 roma.repubblica.it/cronaca/2017/12/13/news/fiore_servizi_dietro_militia_casapound_e_con_la_lega_ci_ha_lavorato_delle_chiaie_-183971971/.

54 espresso.repubblica.it/attualita/2017/12/01/news/un-anno-di-violenza-fascista-1.315334.

55 www.ilprimatonazionale.it

56 it.wikipedia.org/wiki/La_voce_della_fogna

57 A. de Benoist, *Populismo. La fine della destra e della sinistra*, Arianna Editrice, 2017.

58 E. Zemmour, *Il suicidio francese*, Enrico Damiani, 2016.

59 www.newyorker.com/magazine/2017/12/04/the-french-origins-of-you-will-not-replace-us.

60 A. Scianca, *L'identità sacra. Dèi, popoli e luoghi al tempo della Grande Sostituzione*, AGA, 2016.

61 it.wikipedia.org/wiki/Teoria_del_complotto_sul_piano_Kalergi.

62 www.ilprimatonazionale.it/politica/la-grande-sostituzione-sicuri-sia-solo-complottismo-29863/.

63 R. Camus, *Le Grand Remplacement*, David Reinharc, 2011.

64 www.ilpost.it/2017/09/13/camera-approvato-apologia-fascismo/.

65 N. Cospito, *Perché non sono democratico*, Nuova impronta, 2010.

66 www.romatoday.it/politica/forza-nuova-presidio-via-taranto-antifascisti-via-la-spezia.html.

67 ricerca.repubblica.it/repubblica/archivio/repubblica/2017/10/18/staccano-i-manifesti-scatta-il-raid-punitivo-degli-studenti-di-fnRoma09.html.

68 not.neroeditions.com/fascisti-mitologia-norrena/

69 roma.repubblica.it/cronaca/2017/11/02/news/roma_a_scuola_d_odio_da_fn_l_appello_di_un_padre_per_lui_esistete_solo_voi_-180018998/

70 www.facebook.com/bloccostudentesco/.

71 www.unionedeglistudenti.net/sito/la-scuola-e-antifascista-appello-ai-rappresentanti/.

72 www.facebook.com/movimentointerno.liceofarnesina.

73 left.it/left-n-50-16-dicembre-2017/.

74 www.ecn.org/antifa/article/357/AZIONI FASCISTE.

75 www.diecivoltemeglio.com/manifesto.

Ringraziamenti

Grazie a «Internazionale», al suo direttore Giovanni De Mauro, e a tutta la redazione – in particolare Stefania Mascetti, Giuseppe Rizzo, Giovanna Chioini – che mi ha permesso di fare l'inchiesta da cui parte questo libro, *Ritratto del neofascista da giovane*, pubblicata sul sito il 29 gennaio 2018, ha lavorato con me in modo eccelso per editarla, e che mi ha concesso di utilizzarla qui.

Grazie a tutte le persone che mi hanno dato consigli, queste sono solo alcune: la mia agente Giulia Pietrosanti, a Leonardo Bianchi, Claudia Ricci, Elia Rosati, Veronica Raimo, Federico Bonadonna, Francesca Coin, Alessandro Gazoia, Marco D'Eramo, Ida Dominijanni, Stefano Liberti, Francesca Mannocchi, Vanessa Roghi, Michele Rech, Zeropregi, Michele Colucci.

Grazie a tutte le persone che mi hanno concesso interviste e dichiarazioni, soprattutto i ragazzi, in particolare i minorenni. Anche quando non sono state utilizzate esplicitamente, sono state utili a conoscere fenomeni politici complessi. Diverse persone mi hanno rilasciato dichiarazioni chiedendomi di risultare anonime, o non riconoscibili, per questo alle volte non è riportato il nome

Indice

La moda del fascismo 7

L'avanzata mediatica della destra 11

Il neofascismo cerca sempre di organizzarsi ... 13

Da dove viene il consenso del neofascismo 21

Tutto nasce negli anni Settanta con Terza Posizione 25

La "trincerocrazia" di Blocco Studentesco ... 33

Quello che c'è di nuovo e quello che c'è di sempre uguale nel neofascismo 39

Un corteo funebre 47

L'indottrinamento dei militanti 50

Contro il femminismo 60

Il nuovo fascismo un'ideologia ce l'ha 64

L'anti-antifascismo e l'integralismo cattolico di Lotta Studentesca 72

I social fascisti 82

Quali sono le ragioni della crescita della presenza neofascista nelle scuole 85

La post-politica: Simmachia 93

Note 105

Ringraziamenti 109

Stampato presso ELCOGRAF S.p.A. - Stabilimento di Cles (TN)

Questo libro non è vendibile
se sprovvisto del presente tagliando
PROVA D'ACQUISTO
HO 16 ANNI E SONO FASCISTA
566-6644-1